POR QUÉ JUSTICIA SOCIAL ≠ NO ES JUSTICIA BÍBLICA

UNA LLAMADA DE ATENCIÓN A TODOS LOS CRISTIANOS

Tu trono, oh Dios, es eterno y para siempre; Cetro de justicia es el cetro de tu reino.

Has amado la justicia y aborrecido la maldad...
Salmo 45:6-7

POR QUÉ JUSTICIA SOCIAL ≠ NO ES JUSTICIA BÍBLICA

UNA LLAMADA DE ATENCIÓN A TODOS LOS CRISTIANOS

EDITORIAL JUCUM

P.O. BOX 1138 TYLER, TX 75710-1138

Editorial JUCUM forma parte de Juventud con una Misión, una organización de carácter internacional.

Si desea un catálogo gratuito de nuestros libros y otros productos, solicítelo por escrito o por teléfono a:

Editorial JUCUM
P.O. Box 1138, Tyler, TX 75710-1138 U.S.A.
E-Mail: info@editorialjucum.com
Teléfono: (903) 882-4725
www.editorialjucum.com

ÍNDICE

Justicia bíblica

Conformidad con la norma moral de Dios tal como se revela en los Diez Mandamientos y en la Regla de oro: «Amarás a tu prójimo como a ti mismo». Justicia comunitaria: Cultivar una buena relación con Dios y con los demás; tratar a las personas como se merecen, como portadoras de la imagen de Dios. Justicia distributiva: juzgar imparcialmente, enderezar injusticias y castigar transgresiones. Está reservada para Dios y las autoridades ordenadas por Dios, como los padres en el hogar, los ancianos en la iglesia, los maestros en la escuela y las autoridades civiles del país.

Justicia social

Deconstrucción de los sistemas y estructuras tradicionales que se estiman opresivos, y redistribución del poder y los recursos de los opresores a sus víctimas en la búsqueda de la igualdad de resultados.

UNA MIRADA DESDE
AMÉRICA LATINA

Debo confesar que hacía mucho tiempo que un libro de autor cristiano no producía en mí una irrefrenable avidez por devorar sus páginas.

Provocador, desafiante, incisivo, políticamente incorrecto, no condescendiente, pero a la vez oportuno y equilibrado.

En una ocasión escuché decir que, cuando el poeta señala la luna, el simple se queda mirando el dedo. De pronto la metáfora suene agresiva, pero creo que viene al caso.

Scott David Allen aborda un tema muy delicado y actual, tomando el contexto estadounidense como referencia para su análisis. Esto podría llevar a que algunos lectores desprevenidos en América Latina e hispanoparlantes consideren apresuradamente que esa es una realidad social muy ajena a la nuestra, y, por tanto, le resten pertinencia a sus reflexiones.

Por eso, a riesgo de terminar revelando anticipadamente el contenido del libro, me voy a atrever a hacer una breve aproximación al texto, desde la perspectiva latinoamericana.

En el primer capítulo, Allen revela el surgimiento de una deformación ideologizada del concepto de justicia, advirtiendo que en la sociedad estadounidense pareciera difícil encontrar discernimiento prudente y sensato, de manera que esta corriente ha logrado permear incluso círculos de la iglesia evangélica. Los ejemplos pueden ser totalmente diferentes, sin embargo, en América Latina la situación es exactamente la misma, y hasta diría que se acrecienta por la larga presencia de regímenes populistas que han logrado cautivar a gruesos sectores de la población, incluyendo a los cristianos.

Cuando habla de la justicia bíblica, en el capítulo 2, el autor hace mención de la «justicia comunitaria».

Aquí la semántica puede jugarnos en contra con el significado connotativo de la expresión «justicia comunitaria». Una tendencia en varios países de América Latina ha sido la modificación de los sistemas judiciales, incorporando lo que precisamente se denomina «justicia comunitaria», pero que lejos del sentido que sugiere Allen, se refiere a la aplicación de supuestos estándares ancestrales de los pueblos indígenas a la hora de imponer castigos, muy ajenos a la doctrina jurídica del mundo occidental. Cuando digo supuestos me refiero al hecho de que en muchos casos son nada más que construcciones sociológicas ahistóricas, provenientes de la mente de antropólogos europeos con narrativa *tercermundista*, divulgadas por medio del trabajo de las numerosas organizaciones no gubernamentales (ONG).

En el capítulo 3, el autor afirma que «la justicia no lo es todo. También hay misericordia».

En la tradición norteamericana la idea de búsqueda de justicia ha jugado un papel importante, y aquí no estoy haciendo juicios de valor, ni sublimando la aplicación de justicia. Con todos sus defectos, el sistema judicial ha estado presente en la vida de las personas. Sin embargo, en América Latina la secular corrupción menoscabó tanto la confiabilidad en el sistema judicial, casi desde los mismos orígenes republicanos, que los ciudadanos frecuentemente terminan actuando en base al adagio popular: «más vale un mal arreglo que un buen juicio».

Si a esa idea arraigada en la cultura, añadimos que el mensaje proclamado por los evangélicos cuando enseñaban Mateo 6:33 enfatizaba la primera mitad del versículo: «Mas buscad primeramente el reino de Dios», y guardaba silencio absoluto sobre la segunda parte: «y su justicia», se desarrolló una mentalidad cristiana con una pasión por la búsqueda de «terrenos en el cielo» pero una indiferencia por la justicia, atribuyéndole un carácter mundano y terrenal, irrelevante para la vida del cristiano. De esa manera, el mandato de evangelizar terminó convirtiéndose en proselitismo religioso, con un alto sentido de urgencia y una enorme carga de culpa, pero incapaz de transformar la cultura.

Ante ese vacío, por desconfianza en el sistema judicial y falta de enseñanza bíblica sobre la justicia, la denominada «Teología de la Liberación» encontró una gran oportunidad, en las décadas de los 60 y 70 del siglo pasado, para sembrar su concepción de justicia, con reflexiones basadas en categorías marxistas en lugar de la Palabra de Dios. Desde luego, no nos debe sorprender que las nuevas arremetidas del marxismo cultural logren encantar a muchos, incluso en los círculos cristianos.

Una vez más, la historia puede ser diferente, pero la necesidad de edificar una cultura sobre justicia y misericordia es la misma.

En los capítulos 4 y 5 se aborda el tema de la cosmovisión.

La polarización ideológica en América Latina normalmente sigue presentándose entre izquierdas y derechas, aun entre los cristianos. Entonces la tentación es ubicarse en uno de los dos extremos y tratar de racionalizar religiosamente para justificar esta decisión. Sin embargo, en este continente, tanto las izquierdas, de diversa tonalidad, como las derechas de militares o de civiles «neoliberales», desprovistas de principios y valores, han sido dañinas para nuestras naciones y las libertades individuales.

Algo parecido sucede con muchas de las predicaciones anti posmodernistas. Frecuentemente los argumentos con los que se pretende combatir al posmodernismo son modernistas y no precisamente bíblicos.

Es pues vital la necesidad de entender que hay una cosmovisión bíblica, que está por encima de izquierdas y derechas, y que es capaz de dar respuestas al pre modernismo, modernismo, posmodernismo y cuanta corriente de pensamiento aparezca en la historia del ser humano.

En esta parte del libro, al analizar quiénes somos y el problema fundamental de los seres humanos, Allen revela que la narrativa imperante en este momento ha logrado instalar el cliché del varón blanco heterosexual como la figura del opresor, al que no se le concede el derecho de presunción de inocencia, frente al grupo oprimido y marginado cuya composición responde a aspectos raciales, de género y de preferencias en sus gustos sexuales.

Si bien esas caracterizaciones son muy propias de la sociedad estadounidense, podemos afirmar que se reproducen en América Latina. Claro, utilizan otra nomenclatura, pero las categorías son las mismas. Ya no serán los blancos contra los negros, sino mestizos contra indígenas, oligarcas contra el pueblo, fundamentalistas religiosos contra las minorías de la comunidad homosexual y así, en cada país pueden adquirir rótulos diversos. Diferentes nombres, pero las mismas figuras de un «opresor» responsable de todos los males de los «oprimidos y marginados».

En el capítulo 6 se toca el tema de los valores. Menciona que la cultura occidental está siendo atacada por los supuestos de la ideología de la «justicia social».

En América Latina, con un proceso histórico diferente al estadounidense, ese discurso ha tomado el nombre de descolonización y antiimperialismo, pero la lógica que hay detrás es la misma. La idea es que el sistema opresor vino, en primer lugar, de la mano de los colonizadores hispanos y posteriormente de parte del *imperialismo yanqui*, por tanto, se debe desmontar a ambos. Lo del antiimperialismo ya estaba presente en la retórica izquierdista en la década de los 60 y parecía una etapa superada en los 90. Sin embargo, al inicio de la nueva centuria ha regresado con el auge de los gobiernos populistas del denominado Socialismo del Siglo 21. Lo peor, y aunque resulte increíble, es que ha permeado sectores de la iglesia evangélica latinoamericana y hoy no es raro escuchar en algunos púlpitos que se debe «descolonizar» el mensaje del evangelio.

El capítulo 7 analiza la incursión de la ideología en la cultura y la iglesia, y analiza las narrativas correspondientes.

Resultaría relativamente fácil quedarse en la denuncia de las maniobras y la ruta crítica utilizada por la ideología detrás de la denominada justicia social, pero eso sería caer en la polarización irreflexiva, que no resuelve nada. Uno de los aspectos que más valoro en este trabajo es que el autor nos lleva también a considerar los errores del fundamentalismo evangélico en su reacción a la narrativa revolucionaria, advirtiéndonos que hay problemas reales que no podemos soslayar y para los cuales la cosmovisión bíblica tiene respuestas sólidas, las mismas que a veces hemos dejado de lado por adoptar una actitud «supra-espiritualista».

En América Latina esto fue particularmente grave, porque la evangelización estuvo marcada por una fuerte enseñanza dicotómica.

Pensar en influir la cultura era entretenerse en cosas terrenales. Eso privó, por ejemplo, a los cristianos de participar e influir en política. Hoy hay una efervescencia por participar en esta esfera, pero movidos por otras distorsiones, como la teología de la prosperidad y el denominado «evangelio de poder», que termina expresándose en la búsqueda del poder por el poder. Por cierto, también hay cristianos bien intencionados que lo hacen para enfrentar los avances de las agendas abortistas y de género, optando por la lucha legal y política, sin embargo, una vez más, apuestan todas sus fichas al activismo político, pero están abandonando la responsabilidad de transformar la cultura.

Al proponer la sustitución de una mala cosmovisión por una mejor, en el capítulo 8, Allen afirma la necesidad de que la Iglesia proponga un mejor relato. Creo que aquí hay un gran desafío para los latinoamericanos.

Muchas veces en nuestros púlpitos se ha repetido que la Biblia es un manual. Esa manera de pensar redujo la enseñanza a una lista religiosa de cosas para hacer y para no hacer. El Señor Jesús nos dijo que debemos escudriñar las Escrituras, es decir, escarbar para descubrir los principios y valores que pueden dar respuestas a las preguntas de todos los tiempos.

Como verá, los lectores hispanohablantes debemos considerar que, aunque los ejemplos y casos presentados sean diferentes, las estrategias del marxismo cultural son exactamente las mismas, tienen alcance globalista y ya están presentes en todos nuestros países, permeando sistemas, cultura y, lo que es peor, iglesias.

Celebro que este libro haya sido escrito de esta manera y no puedo menos que invitarle a sumergirse en su provocadora lectura.

Alejandro Borja Velasco
Periodista y Ex Parlamentario

INTRODUCCIÓN

Según la cosmovisión bíblica, las personas «son hijos de Dios, reflejan su imagen divina. Según la justicia social, somos hijos de la sociedad, moldeados por sus constructos sociales y su dinámica de poder».

Postmodern Religion and the Faith of Social Justice
James A. Lindsay y Mike Nayna

En los últimos años, una ideología impactante ha hecho una profunda incursión en el corazón de la Iglesia. Sus principales defensores la denominan «justicia social» y casi siempre se corresponde con un compromiso con la igualdad, la diversidad y la inclusión.

Todos los cristianos comparten un profundo compromiso con la justicia, así como con la igualdad, la diversidad y la inclusión. No obstante, como suele decir John Stonestreet, presidente del Colson Center para la cosmovisión cristiana: «No es bueno tener el mismo vocabulario cuando se usan diccionarios distintos».[1]

Completamente cierto. Lo que los defensores o abogados culturales de la justicia social quieren decir con estas palabras, como veremos, es completamente distinto de la definición que da la Escritura y de su entendimiento histórico en la cultura occidental.

Las palabras importan. Conforman nuestras ideas y nuestras creencias. Éstas, a su vez, mueven la cultura, conforman la manera en que pensamos y nos comportamos, para bien o para mal. Muchas personas dan por sentadas las palabras. Las usamos pero rara vez nos paramos a pensar en ellas, no somos conscientes de su tremendo poder. Todo cambio de cultura comienza con un cambio de lenguaje. Los cambios de lenguaje —nuevas palabras, nuevas definiciones— se

---

1. John Stonestreet, "What Is Freedom? Defining Liberty Is Crucial to Keeping It," CNSNews.com, October 4, 2018, https://www.cnsnews.com/commentary/john-stonestreet/what-freedom-defining-liberty-crucial-keeping-it.

pueden normalmente rastrear en influyentes líderes de pensamiento que tal vez hayan vivido siglos antes.

El finado filósofo cristiano Dallas Willard escribió: «Las ideas de los economistas y los filósofos políticos, son mucho más poderosas de lo que comúnmente se cree, tanto cuando son acertadas como cuando son erróneas. Ciertamente, pocas cosas influyen más en el mundo».[2]

Dios levantó la Iglesia para extender su reino de bondad, luz y belleza en este mundo caído. Una de las maneras más importantes en que hacemos esto es comunicando y encarnando las poderosas y vivificantes palabras de Dios en la Escritura —palabras como libertad, amor, compasión y justicia.

La Biblia es mucho más que un mensaje de salvación, aunque esto sea absolutamente crucial. Es una cosmovisión integral que define y conforma todos los aspectos de la realidad y de la existencia humana. Es la «Historia transformadora» de Dios, pero a diferencia de otras cosmovisiones, es verdadera. Se corresponde con la realidad que realmente existe. Define para todos los tiempos y pueblos lo que realmente significan palabras como verdad, amor, justicia y equidad. Estas verdaderas definiciones bíblicas dan lugar a culturas específicamente cristianas. En palabras del teólogo Robert Lewis Wilken, «la cultura vive por el lenguaje, y las actitudes, los pensamientos y los sentimientos de la cultura cristiana se forman y se transmiten por el lenguaje de las Escrituras».[3]

De manera que cuando la iglesia evangélica consciente o inconscientemente cambia la definición de una palabra tan importante como la justicia por una falsa imitación, no es un asunto insignificante.

Las ideas acarrean consecuencias, pero como nos recuerda Os Guinness, también tienen antecedentes —es decir, han surgido en alguna parte—. La verdadera definición de justicia halla su fuente en la Biblia y se ha expresado históricamente en maneras que han supuesto bendición para las naciones. Sin embargo, hoy tomamos

---

2.   Dallas Willard, *La divina conspiración*, Peniel, 2013. (*The Divine Conspiracy: Rediscovering Our Hidden Life In God* (San Francisco: HarperOne, 2009).

3.   Robert Lewis Wilken, "The Church as Culture," *First Things*, April 2004, https://www.firstthings.com/article/2004/04/the-church-as-culture.

todo esto por sentado, incluso el imperio de la ley, o el estado de derecho y los procesos legales.

La falsificación tiene su origen en las «filosofías huecas y engañosas» (Colosenses 2:8) que surgieron en Europa en el siglo XVIII. Se remonta a los famosos filósofos y activistas como Emmanuel Kant, Friedrich Nietzsche, Karl Mark, Antonio Gramsci y Michael Foucault. Sus ideas arraigaron profundamente en la cultura occidental. Con el tiempo, mutaron y se fusionaron en una escuela de pensamiento que los académicos contemporáneos denominan *teoría crítica*. Se usan otros nombres, por ejemplo, políticas identitarias, inter-seccionales o marxismo cultural. Pero en este libro me refiero a ellas como ideología de la justicia social. Uso el modificador «ideológico» para indicar que estamos comentando algo mucho más amplio que la justicia. Más bien, una ideología o cosmovisión integral, que ayuda a explicar por qué atrae a tantos adeptos.

Necesitamos cosmovisiones para dar sentido a nuestra vida. Para ayudarnos a entender nuestra identidad y propósito. En una sociedad cada vez más pos-cristiana, un número creciente de personas no tiene conocimiento de la Biblia, sin embargo, fue la cosmovisión cristiana la que conformó Occidente durante siglos. Proporcionó los supuestos básicos que suministraron a muchas generaciones su identidad y su propósito, fueran o no cristianas. Pero hoy, con la Biblia y la cosmovisión bíblica en marcado declive, la ideología de la justicia social está llenando el vacío.

Nuestra cosmovisión determina como pensamos y actuamos. Impulsa las decisiones que tomamos. Actúa como las raíces de un árbol frutal: determinan el fruto. Hablando de falsos maestros y de ideologías fraudulentas, Jesús dijo: «Por sus frutos los conoceréis» (Mateo 7:16). Como verá en este libro, la ideología de la justicia social se puede reconocer por su fruto amargo. Las vidas y culturas moldeadas por ella se distinguen por la enemistad, la hostilidad, la sospecha, la reclamación de derechos y la queja.

Trágicamente, esta cosmovisión falsa está haciendo una profunda incursión en la iglesia evangélica, que corre grave peligro de abandonar la verdadera justicia por un fraude.

Yo creo que este intercambio está siendo mayormente involuntario. La ideología de la justicia social ha fluido de las universidades a la cultura general con tal fuerza y velocidad en los últimos treinta años que todos nosotros hemos resultado influidos de una manera u otra. Actualmente, es la cosmovisión predominante que conforma grandes áreas de la cultura. Hace diez años se reducía principalmente a los planes universitarios de humanidades. Actualmente es la cosmovisión reinante que domina en casi todos los aspectos de la educación. Domina las grandes empresas, los medios de comunicación, el entretenimiento, la alta tecnología y una buena parte del gobierno, e incluso de los sistemas judiciales.

Los cristianos no son ciertamente inmunes a ideas tan impactantes que moldean las instituciones que todos compartimos. Muchos cristianos han absorbido en gran medida los supuestos de la ideología de la justicia social de improviso, pues les han encontrado desprevenidos. Al fin y al cabo, usa palabras bíblicas y conceptos como justicia, opresión, antirracismo e igualdad —aunque, furtivamente, redefine todos ellos.

Para reconocer una falsificación, es preciso distinguir antes el artículo genuino. De modo que comenzaré este libro expresando qué es la justicia bíblica antes de examinar la falsedad. Las exhibiré, una frente a otra, con la esperanza de que la comparación de sus principales diferencias arroje claridad en medio de toda la confusión que parece reinar entre los evangélicos.

Me apasiona este tema desde que Dios me llamó en mi último año universitario, en 1988 a un ministerio vocacional a pleno tiempo. Ese año, me incorporé a *Fundación contra el Hambre* (*Food for the Hungry*), una organización cristiana de ayuda y desarrollo como operario de desarrollo comunitario trans-cultural.

En 1988, la iglesia evangélica estaba profundamente dividida por lo que toca a la justicia, que, por ese tiempo, solía preocuparse de los pobres y los marginados. En un bando de esta división estaban los conservadores teológicos que sostenían una interpretación más literal de la Escritura y consideraban que el objetivo de la misión cristiana es proclamar el evangelio y fundar iglesias. Recelaban de ministrar a los pobres, debido a su pasada relación con el herético «evangelio social».

Por otra parte, hubo un grupo más pequeño de activistas evangélicos que se interesaron profundamente por la pobreza y la injusticia. Uno de sus líderes más destacados, Ron Sider, del Easter Theological Seminary de Filadelfia, publicó su influyente libro *Cristianos ricos en la era del hambre* en 1978 y después fundó Evangélicos por la Acción Social. Otro líder, Jim Wallis, fundó *Sojourners* en 1971. Personalmente, me sentí atraído hacia estos hombres y sus movimientos.

Los 20 años de servicio con Fundación contra el Hambre me llevaron a algunas de las naciones más pobres de la tierra. Durante esos años, ahondé mi conocimiento sobre las causas y soluciones de la pobreza, y cuanto más aprendía, menos me entusiasmaban las enseñanzas de Sider, Wallis y otros que abrazaban esta perspectiva.

Cuando comencé mi carrera en Fundación contra el Hambre, me acababa de graduar en la Universidad privada de artes liberales de Oregón. Había absorbido mucha ideología marxista de mis profesores, aunque no la identificara como marxista. Suponía en gran medida que la riqueza y los recursos equivalían a una suma cero. Que los que los tenían los habían obtenido ilegítimamente, a costa de otros que carecían de ellos. Las naciones ricas habían adquirido sus riquezas mediante el colonialismo, la codicia y el capitalismo voraz. Habían manipulado el sistema a costa de los pobres. Tuvieron que pasar muchos, años, con la ayuda de algunos mentores excelentes y piadosos hasta que me di plena cuenta de que mis supuestos acerca de la riqueza y la pobreza se basaban más en Marx que en la Biblia.

Finalmente, me hice esta pregunta: ¿me interesaba más por las disparidades de la riqueza y la redistribución de ingresos o por hacer lo que ha demostrado ser eficaz para ayudar realmente a la gente a salir de la pobreza?

Con el paso del tiempo, me di cuenta que mis supuestos marxistas habían perjudicado más a los pobres que les había ayudado. En vez de considerar a los pobres como plenamente humanos, creados a imagen de Dios, con dignidad, responsabilidad y capacidad de crear nueva riqueza y nuevas oportunidades, mi antigua cosmovisión les consideraba en su mayoría víctimas indefensas, «beneficiarias» de la ayuda occidental. Esto fomentaba un sentido malsano de culpa por un lado, y un sentido dañino de dependencia y derecho a recibir ayuda por otro.

Echando un vistazo a la historia y nuestra herencia cristiana, descubrí ocasiones en las que Dios actuó a través de la iglesia para sacar de la pobreza a naciones enteras. Antes de la Reforma, por ejemplo, las naciones del norte de Europa eran tan pobres como lo son actualmente las naciones de África. Después de la Reforma, comenzaron a prosperar. Su transformación no llegó por causa de la redistribución de la riqueza, la sabiduría humana ilustrada o los conocimientos técnicos o científicos. Tuvo lugar porque la gente empezó a leer la Biblia y entender la realidad, su propia identidad y propósito, de forma novedosa y transformadora. Fue el poder de la verdad bíblica —de la cosmovisión bíblica— lo que sacó a la gente de la pobreza y edificó naciones libres y prósperas.

La pasión que sentimos al abrazar este punto de vista nos condujo a mí y a mis amigos Darrow Miller y Bob Moffitt a fundar la Alianza para el discipulado de las naciones en 1997. Nuestra misión consistió en catalizar un movimiento cristiano que llamara a la iglesia a una cosmovisión bíblica integral y proclamara y demostrara el poder de la verdad bíblica en maneras que guiaran a un cambio positivo, particularmente entre los pobres.

Al bando conservador de la iglesia evangélica, nuestro mensaje fue el siguiente: Vuestra pasión por el evangelio es bueno y digno de alabanza. Pero la proclamación del evangelio solo es el principio de la misión cristiana genuina, no el final. Una vez que son salvos, los cristianos deben ser diligentemente discipulados para reconocer y reemplazar los supuestos culturales falsos por la cosmovisión bíblica, y después llevar la verdad, la bondad y la belleza del Reino de Dios a todas las esferas en nuestros países fracturados. El plan redentor de Dios no se limita a salvar almas. Comprende la reconciliación de toda clase de relaciones rotas: con Dios, con nosotros mismos, con los seres humanos y con la creación. No debe de haber separación entre la proclamación, el discipulado, la fundación de iglesias, y la transformación social y cultural. Todos estos son aspectos esenciales de nuestra misión global. La «misión holística» o el «ministerio holístico» pasaron a ser palabras de moda y abreviaturas taquigráficas que usamos para describir esta visión integradora del ministerio cristiano.

En el bando de la justicia social de la iglesia evangélica, nuestro mensaje fue: Si realmente quieren capacitar a los depauperados para que se levanten, la herramienta más potente a su disposición es la verdad bíblica. La pobreza no radica en última instancia en sistemas injustos, sino en la mentira satánica a nivel de la cultura. Un enfoque cristiano del cambio social debe centrarse en dar testimonio de la verdad en todos los ámbitos de la existencia humana. Cuando tanto los ricos como los pobres sustituyen las mentiras culturales por la verdad bíblica, surge la transformación. Esta transformación nunca es completa, o uniforme, o indefinida, pero es real, poderosa, notable y honra a Dios.

En los últimos 23 años, a medida que nosotros y otros hemos compartido enseñanzas similares, hemos visto muchos signos positivos de cambio. Por el lado conservador, hemos visto una tremenda acogida del enfoque holístico de la misión. Entre las organizaciones y grupos cristianos que trabajan para dignificar a los pobres, hemos visto una buena acogida de que la idea de una cosmovisión bíblica es lo mejor que podemos hacer para dignificar comunidades empobrecidas.

A medida que ambos bandos empezaron a cambiar, aumentó nuestra esperanza de que la antigua separación evangélica se pudiera superar y se forjara una unidad que honrara a Dios. Hubo muchos signos alentadores de que esto estaba ciertamente sucediendo.

Entonces, como surgido de la nada, Marx reapareció, e influyó en una nueva generación de líderes evangélicos, de diferente modo, y amenazó con socavar la unidad creciente. En todos los círculos evangélicos se hablaba de «justicia social». Pero a diferencia de la década de 1980, se hizo menos hincapié en la pobreza y más en el racismo, el sexismo y los derechos LGTBQ. En 2010, un joven y dinámico pastor llamado Ken Wytsma, lanzó la Conferencia sobre Justicia, que influyó enormemente en los evangélicos mileniales. Cuando leí el libro de Ken, *The Myth of Equality*, y escuché a los oradores que intervinieron en sus conferencias, me pareció que ofrecía un potente cocktail, que combinaba una parte de teología evangélica con dos partes de teoría crítica.

Mi señal de alarma saltó cuando vi que este mismo sincretismo se extendía al núcleo central del movimiento evangélico tradicional.

Esto vino a ser algo muy personal en 2018, cuando algunos colegas respetables y cercanos comenzaron a desafiarme: ¿No era yo consciente del racismo estructural generalizado y la opresión en Estados Unidos? ¿No reconocía mi culpabilidad, como varón blanco, en esa opresión? ¿No había comprendido mi innato privilegio blanco y mi racismo inconsciente?

¿Qué estaba sucediendo?

Este es un momento peligroso. Si continúan las tendencias actuales, la iglesia evangélica acabará abrazando rápidamente un sincretismo profundamente destructivo y una ideología no bíblica. Esto hará un daño incalculable a su misión y su testimonio en el mundo.

La justicia es una de las palabras más importantes que aparecen en la Biblia. Uno de los conceptos más importantes en cualquier cultura. Si la iglesia que cree en la Biblia abandona la justicia genuina en favor de una falsificación cultural destructiva, ¿quién quedará para defender la verdad? Es mucho lo que está en juego.

Mi ferviente plegaria es que este libro sirva como llamada de alerta a mis hermanos. Esta es mi súplica: Reconocer y rechazar la imitación. Recuerde lo que es la verdadera justicia. Aférrese a la verdad, por impopular que sea. Declárela. Demuéstrela. Sea la sal que Jesús nos manda ser.

Cada generación de cristianos debe sostener y defender la verdad y transmitirla a las generaciones futuras, incluida la verdad sobre la justicia. He aquí mi pequeña e imperfecta tentativa.

Scott Allen, 26 de marzo, 2020

1

JUSTICIA EXTRAÑA

Hacia el final del segundo discurso del presidente Trump acerca del Estado de la Unión, en febrero de 2019, comentó el tema del aborto, desafiando a los estadounidenses a «colaborar para construir una cultura que valora la vida inocente» y «reafirmar una verdad fundamental: Todos los niños, nacidos y no nacidos, son creados a la santa imagen de Dios».[1]

Stacey Abrams, ex candidata para gobernadora de Georgia, respondió en Twitter, defendiendo el derecho al aborto legal afirmando que «Estados Unidos ha logrado cierto grado de justicia reproductiva en *Roe v. Wade...*».[2] ¿Pero qué quiso decir con «justicia reproductiva»?

La frase no era suya. Fue acuñada en 1994 por un grupo denominado «Women of African Descent for Reproductive Justice» (Mujeres de ascendencia africana por la justicia reproductiva). La definieron de este modo: «El derecho a mantener una autonomía personal corporal, tener hijos o no tenerlos, y criar los hijos habidos en comunidades seguras y sostenibles».[3]

La idea de «autonomía corporal, personal» deriva del posmodernismo, que sostiene que la autoridad suprema no recae en Dios, ni en la ciencia, sino en el individuo autónomo y soberano. ¿Y qué decir de la frase «derecho a no tener hijos»? ¿Puede significar el derecho a no practicar la actividad sexual que conduce a la procreación? Difícilmente. «El derecho a abortar a sus hijos no nacidos» sería una expresión más precisa. Es decir, «justicia reproductiva» equivale a afirmar que una madre tiene «derecho como ser humano» de quitar la vida a su hijo no nacido si así lo desea.

---

1. Matthew Bunson, "The State of the Union: 'Let Us Build a Culture That Cherishes Innocent Life,'" *National Catholic Register*, February 6, 2019, http://www.ncregister.com/blog/mbunson/the-state-of-the-union-let-us-build-a-culture-that-cherishes-innocent-life.
2. ABC News Politics Twitter feed, February 5, 2019, https://twitter.com/ABCPolitics/status/1092997836252209157.
3. "Reproductive Justice," Sister Song, https://www.sistersong.net/reproductive-justice.

Penosa ironía

La ironía es penosa. En los días de la esclavitud, el razonamiento moral fue algo así: Los esclavos negros no son plenamente humanos, sino propiedad indefensa y desvalida de los dueños de esclavos que disponen de ellos a su antojo. Si se prefiere, llámese «justicia patrimonial». El razonamiento moral para justificar el aborto es idéntico. En la «justicia reproductiva», los no nacidos no son plenamente humanos, sino propiedad indefensa y desvalida de las madres. Según las Mujeres de ascendencia africana por la justicia reproductiva, las mujeres tienen el derecho a ejercer su «autonomía corporal personal» disponiendo a capricho de la vida de sus bebés no nacidos.

La ironía lamentable es que este razonamiento moral ha hecho del aborto la causa principal de la matanza de afroamericanos en Estados Unidos hoy.[4] Cada año se sobrepasan con creces más de un cuarto de millón de niños negros no nacidos que se pierden por causa del aborto.[5] En la ciudad de Nueva York, se abortan más niños negros de los que nacen.[6] ¿Es esto «justicia»?

En los últimos dos siglos, Occidente ha cercenado la idea de la justicia divina y su ley, lo que ha conducido al caos moral que impera hoy. En vez de apoyarnos en una norma segura e inmutable de justicia, cambiamos de normas constantemente. Lo que se consideraba moral hace cinco años, no solo es hoy calificado de inmoral, sino decretado, cada vez más, ilegal. Lo que se consideraba inmoral hace cinco años —y a menudo ilegal— es hoy considerado moral y legal. Todo ello ha abierto la puerta a una horrenda injusticia en nombre de la justicia.

Emerge una nueva ideología

Quizás, nuestra confusión nunca haya sido mayor, tanto en la iglesia como en la cultura en general. Ha surgido una nueva ideología denominada «justicia social» que deforma la manera en que los

---

4. Allyson Hunter, "Study shows the leading cause of death is abortion," Texas Right to Life, August 3, 2018, https://www.texasrighttolife.com/study-shows-the-leading-cause-of-death-is-abortion/.

5. Jason L. Riley, "Let's Talk About the Black Abortion Rate," The Wall Street Journal, July 10, 2018, https://www.wsj.com/articles/lets-talk-about-the-black-abortion-rate-1531263697.

6. Ryan Scott Bomberger, "The Democrat Party: Not Enough African-Americans Aborted," The Radiance Foundation, February 1, 2019, http://www.theradiancefoundation.org/blackhistory-month/.

estadounidenses —incluidos los cristianos— entienden la justicia. Según Noah Rothman, «influye en cómo se estructuran las empresas. Está alterando la relación entre los empleadores y los empleados. Ha transformado por completo el mundo académico. Y está reformulando la política con alarmante celeridad».[7]

Muchos cristianos apenas conocen esta ideología y en consecuencia no reconocen el peligro, creen que la justicia social no difiere de la justicia bíblica. Por supuesto, la justicia es una idea profundamente enraizada en la Biblia, pero esta nueva ideología está lejos de ser bíblica. Es, en realidad, una cosmovisión general arraigada en el marxismo y supuestos posmodernos que compiten con una cosmovisión bíblica. Los activistas actuales de la justicia social suelen negar las raíces marxistas de su cosmovisión (el rechazo de *salón* del marxismo cultural es una «idea engañosa»)[8]. Siendo benévolos, debemos conceder que muchos de ellos probablemente ni siquiera se dan cuenta de la relación. No obstante, un examen atento de la justicia social y el neo marxismo revela que proceden del mismo molde ideológico.

Las ideas acarrean consecuencias. Las ideas verdaderas, como la justicia bíblica, son elementos básicos y esenciales para construir naciones prósperas y florecientes. Las ideas malas, como la ideología de la justicia social, son terriblemente destructivas, desgarran el tejido social, agravan la hostilidad, y en última instancia destruyen países. Es imprescindible que los seguidores de Cristo, a quienes se les ha encomendado discipular y bendecir a sus naciones, disciernan escrupulosamente la diferencia entre la justicia bíblica y la ideología de la justicia social. Ambas usan la palabra «justicia», pero con un significado muy diferente.

Tristemente, no es fácil de hallar este tipo de discernimiento prudente y sensato. En vez de ello, asistimos a una tendencia creciente de destacados portavoces cristianos que consciente o inconscientemente fomentan la ideología de la justicia social en la iglesia,

---

7. Graham Hillard, "The Social-Justice Movement's Unjust Crusade," National Review, March 7, 2019, https://www.nationalreview.com/magazine/2019/03/25/the-social-justice-movements-unjust-crusade/.

8. Nancy Pearcey, "Midterms Bring Out the Marxists," American Thinker, November 5, 2018, https://www.americanthinker.com/articles/2018/11/midterms_bring_out_the_marxists.html.

y generan confusión al equipararla con la justicia bíblica. Tomaron conciencia de esta tendencia preocupante a finales de 2015, cuando se celebró la famosa conferencia de misiones de la Inter Varsity Christian Fellowship en Urbana, St. Louis, e invitaron a Michelle Higgings a pronunciar un discurso inaugural. Ella aprovechó la oportunidad para animar a los jóvenes evangélicos con visión misionera a apoyar el movimiento Las vidas negras importan.[9]

Las vidas negras importan fue fundado por tres mujeres empapadas de la ideología neo-marxista de la justicia social. Una de ellas, Alicia Garza, es una organizadora comunitaria de Oakland. Ella se autodefine como «mujer negra homosexual» que cree que debemos considerar la epidemia [de la violencia negra] a través de los anteojos de la raza, el género, la orientación sexual y la identidad de género».[10] Otra, Opal Tometi, se autodefine como «feminista transnacional» y «estudiante de teología de la liberación».[11] La declaración de propósito de Las vidas negras importan incluye el compromiso de alterar la estructura de la familia nuclear vigente en Occidente. . . ayudándose mutuamente como familias y "aldeas" más amplias que cuidan colectivamente unas de otras, especialmente de los niños».[12]

Claro que las vidas negras importan. Toda vida importa porque ha sido creada en la santa imagen de Dios. Si ese fue el alcance del mensaje que Inter Varsity intentó comunicar, de manera excelente. Pero ¿por qué, por extensión, apoyar a un movimiento fundado en ideas anti-bíblicas tan profundas desde el escenario de la principal conferencia misionera evangélica? Después de la conferencia, la organización evangélica de tendencia izquierdista Sojourners escribió una carta abierta a Inter Varsity, encomiando a la organización por su coraje en apoyar a Las vidas negras importan. Esa carta, escrita por el Dr. Lawrence A. Q. Burnley, vicepresidente asociado de Diversidad, Igualdad e Inclusión en la Universidad de Whitworth, incluía esta declaración;

9. Ed Stetzer, "InterVarsity, #BlackLivesMatter, Criticism, and Three Suggestions for the Future," *Christianity Today,* January 4, 2016, "https://www.christianitytoday.com/edstetzer/2016/january/intervarsity-race-criticism-and-future.html.

10. Black Lives Matter, https://blacklivesmatter.com/our-co-founders/.

11. Black Lives Matter, https://blacklivesmatter.com/our-co-founders/.

12. Black Lives Matter, https://blacklivesmatter.com/what-we-believe/.

Michelle Higgings. . . puso de manifiesto una gran mentira en la iglesia. . . en su discurso de apertura de Urbana 15. La mentira es la siguiente: Los blancos fueron creados para gobernar y todos los demás para ser gobernados. Esta mentira es el fundamento sobre el que descansan estructuras, sistemas y políticas injustos.[13]

En mis 35 años de colaboración con líderes de iglesia de más de 75 países, nunca he conocido a nadie que respalde de algún modo la idea de que «los blancos fueron creados para gobernar sobre los demás». Todos los que conozco se horrorizarían ante esta idea. No obstante, según esta declaración, esta es «la principal mentira que actúa en la iglesia».

No extraña que esta declaración fuera refrendada por destacados evangélicos progresistas como Jim Wallis, Shane Claiborne, and Jen Hatmaker. Lo que me sorprendió fue ver que también fuera firmada por evangélicos más tradicionales, como Steve Bauman, presidente y CEO (director ejecutivo) de World Relief, Lynne Hybels de la famosa iglesia Willow Creek Community Church de Chicago, y David Neff, ex redactor jefe de *Christianity Today* (*Cristianismo hoy*).

Desde 1995, la ideología de la justicia social ha seguido cobrando fuerza en la cultura más amplia y en la iglesia. Al empezar a estudiar esta cosmovisión con alguna profundidad —de dónde procede, su perfil básico, cómo interpreta la realidad y la naturaleza humana, la fuente del mal y su solución— aumentó mi preocupación. Si la iglesia que cree en la Biblia prosigue en su andadura de confundir la justicia bíblica con la ideología de la justicia social, ¿cómo podrá ser un portavoz firme en estos tiempos moralmente confusos?

La incursión que la ideología de la justicia social está haciendo en la iglesia evangélica tiene que ser revelada y reconocida para bien de la iglesia y de la sociedad a la que debe servir. La justicia bíblica es demasiado importante para abandonarla ante este sigiloso ataque de una cosmovisión anti-bíblica que se enmascara con lenguaje y palabras bíblicas. Este libro trata de recordarnos, como seguidores

---

13. See Lisa Sharon Harper, "Open Letter to the Leadership of #Urbana15 and Intervarsity Christian Fellowship," Sojourners, January 5, 2016, https://sojo.net/articles/open-letter-leadership-urbana15-and-intervarsity-christian-fellowship

de Jesucristo, lo que es la justicia bíblica, y en qué difiere de la justicia social. Más importante aún, quisiera trazar un claro contraste entre los supuestos que defienden la cosmovisión cristiana y la justicia bíblica y los supuestos que sustentan la ideología de la justicia social, y cómo dan lugar a una idea de justicia extraña a las Sagradas Escrituras y la historia cristiana.

Antes de examinar la falsa imitación, dediquemos un tiempo a reflexionar en el original incomparable, la espléndida y gloriosa interpretación de la justicia que fluye de las páginas de la Escritura.

PREGUNTAS PARA DEBATIR

Sugerencias que conviene tener en cuenta:

Esta guía de estudio se ha concebido para ser utilizada individualmente o en grupo. Cada sesión está subdividida en partes de la A a la F, para que la persona o grupo pueda avanzar al ritmo que mejor se adapte a sus características.

SESION 1:

Introducción y capítulo uno:

Versículo bíblico para memorizar

«*Por sus frutos los conoceréis*». Mateo 7:16

Parte A. Lea la introducción páginas 13-18

1. La verdadera definición de justicia tiene su origen en el _____ y se ha expresado históricamente en formas _____ _____ _____ _____. La falsificación proviene de las filosofías «_____» y «_____» (Colosenses __: __) que surgieron de Europa en los _____.

2. Nuestra cosmovisión determina cómo pensamos y actuamos, tal como la raíz de un árbol frutal determina su fruto. ¿Cuáles son cinco

«frutos» amargos que provienen de la raíz de la justicia social ideológica?

3. Aunque solía estar confinada a las universidades, ¿qué partes de la cultura actual de tu país se han visto afectadas (e incluso dominadas) por esta cosmovisión?

Parte B: Lea la introducción páginas 18-21
4. ¿Qué ha aprendido del ejemplo de las naciones del norte de Europa antes y después de la Reforma, sobre el papel de la iglesia en sacar a la gente de la pobreza?

5. ¿Cómo podrían tanto el ala conservadora como el ala de la justicia social de la iglesia evangélica prestar atención a un enfoque más integral de la misión?

Parte C: Lea la introducción páginas 21-22
6. La ferviente oración del autor es que este libro sea un toque de atención a sus _____ _____ y _____.

Esta es su súplica: _____ y _____ la falsificación. Recuerde lo que es la justicia _____. _____ _____ a esa verdad, no importa cuán impopular sea. _____ fuera. _____ eso. Sea la _____ y la luz que Jesús nos pide ser.

Parte D. Lea el capítulo uno páginas 23-24
7. El posmodernismo tiene que la autoridad suprema no corresponde a Dios ni a la ciencia, ¿a qué corresponde?

8. ¿Por qué es esto significativo considerando cómo el posmodernismo y la justicia social ideológica se han afianzado en la cultura de tu país?

Parte E. Lea el capítulo uno páginas 24-28
9. ¿Por qué muchos cristianos no disciernen el peligro de la justicia social ideológica?

10. Estamos asistiendo a una tendencia creciente de voces cristianas líderes _____ o _____ que promueven la justicia social ideológica en la iglesia y siembran _____ al equipararla con la justicia bíblica.

11. Si las iglesias que creen en la Biblia siguen confundiendo la justicia bíblica y la justicia ideológica, ¿qué se pierde en este tiempo de confusión moral?

Parte F. Repase la introducción, el capítulo uno y Mateo 7:16.
12. ¿Qué ha aprendido sobre Dios y/o la iglesia en este capítulo y en las Escrituras que ha estudiado esta semana?

Notas y reflexiones personales

2

JUSTICIA BÍBLICA

La palabra latina *justus* significa, según el diccionario de inglés estadounidense Webster's de 1828,[1] «justo o recto». Como una plomada, *justus* alude a una norma o base de *moralidad*. Justicia es alineación a una norma de bondad. De hecho, bondad, o rectitud, es sinónimo de justicia. Sus antónimos son injusticia o maldad. Se puede afirmar que un acto es injusto si no armoniza con una norma moral.[2]

Una norma moral suele ser considerada ley, que es por lo que la justicia se equipara con el respeto a la ley, o la legalidad, y la injusticia con la transgresión o la anarquía. Para muchos de nosotros, la «ley» trae a la memoria códigos legales decretados por políticos y ratificados por las autoridades civiles. Pero la justicia no es mera obediencia o sometimiento a leyes humanas. De hecho, a veces la justicia exige *desobedecer* las leyes humanas. Los nazis dictaron una ley que prohibía proporcionar ayuda o cobijo a los judíos que eran acorralados y exterminados. Si uno obedecía esa ley era cómplice de una injusticia terrible.

Esto suscita una cuestión importante: ¿cómo determinar *qué* leyes humanas son justas y *qué* leyes son injustas? ¿Existe una norma moral o legal que trasciende a las leyes humanas?

Eso creía Martin Luther King Jr. El líder más destacado de los derechos civiles en los Estados Unidos fue arrestado y encarcelado en 1963 por violar una resolución judicial que le prohibía protestar

---

1. http://webstersdictionary1828.com/.
2. Diccionario Webster de 1828: «Justicia: Virtud que consiste en dar a cada uno lo que le corresponde; conformidad práctica con las leyes y principios de rectitud en el trato de unos hombres con otros; honestidad; integridad en el comercio o relaciones recíprocas. La justicia puede ser distributiva o comunitaria. La justicia distributiva corresponde a los magistrados o gobernantes, y consiste en dar a cada hombre el derecho o equidad que exigen las leyes y principios de la equidad; o, a la hora de decidir controversias, según las leyes y principios de la equidad. La justicia comunitaria consiste en el trato justo en el comercio y relaciones recíprocas entre los hombres».

contra la injusticia racial en Birmingham, Alabama. En su famosa «Carta desde una cárcel de Birmingham»,[3] King se dirigió a clérigos y colegas que habían criticado su «disposición a quebrantar las leyes».

> Uno bien puede preguntarse: «¿Cómo propugnar quebrantar algunas leyes y obedecer otras?». La respuesta estriba en el hecho de que hay dos tipos de leyes: justas e injustas. Estoy de acuerdo con San Agustín en que «una ley injusta no es ley en modo alguno». Pero ¿en qué difieren ambas? ¿Cómo determinar cuándo una ley es justa o injusta? *Una ley justa es un código humano que concuerda con la ley moral, o la ley de Dios.* En palabras de Santo Tomás de Aquino, una ley injusta es una ley humana que no está arraigada en la ley natural y eterna [cursiva añadida].

King creía que existe una ley suprema —la «ley de Dios»—. El apologista cristiano Greg Koukl la denomina ley sobre todo y sobre todos».[4] De manera que la justicia es conformidad con esta ley suprema. A este respecto, la justicia es lo mismo que la verdad. Exige un punto fijo de referencia que existe aparte de las leyes humanas y de nuestras creencias acerca de lo que es bueno y justo —norma a la que deben incluso someterse los más poderosos—. Sin esta ley suprema, la justicia es arbitraria y variable, basada en quién ostenta el poder.

¿Cómo descubren seres humanos finitos y falibles esta norma moral trascendente? La descubrimos en Dios, Creador del universo, cuyo carácter es bondad, justicia y santidad (o perfección moral). Como dijo Juan Calvino, la ley revela el carácter de Dios.[5] Él es la plomada moral que determina lo que es bueno y justo para todos los pueblos y todos los tiempos. Y puesto que Dios no cambia, esta norma tampoco cambia. Dios es la «Roca» inamovible, «cuya obra es perfecta, porque todos sus caminos son rectitud; Dios de verdad, y sin ninguna iniquidad en él; es justo y recto» (Deuteronomio 32:4).

Esto excluye el Alá del islam, quien es en última instancia incognoscible. «Alá es un ser distante, remoto, que revela su voluntad, pero no

---

3. http://web.cn.edu/kwheeler/documents/letter_birmingham_jail.pdf.

4. Gregory Koukl, *The Story of Reality* (Grand Rapids: Zondervan Publishing House, 2017), 76

5. R.C. Sproul, "Which Laws Apply?" Ligonier Ministries, https://www.ligonier.org/learn/articles/which-laws-apply/.

a sí mismo», asegura Daniel Janosik, de la Universidad Internacional de Columbia. «Es imposible conocerle de una manera personal. Su unidad absoluta excluye la trinidad, y por esta falta de relación no se enfatiza el amor».[6]

Este no es el Dios amoroso, personal y santo que revela la Biblia. Por cuanto existe un Dios personal cuyo carácter es bueno, el universo es, en definitiva, moral. Hay una «bondad» verdadera, eterna y trascendente que impregna el cosmos. ¡Y a pesar de ello hay tanta injusticia! ¿Cómo desentrañar la verdadera justicia en un mundo injusto? Iremos a la Palabra de Dios, la plomada infalible.

En la Biblia, las palabras hebreas *tsedek* y *mishpat* se traducen como «rectitud» o «justicia», dependiendo del contexto. La Biblia ofrece más de 30 ejemplos de «rectitud» y «justicia» que se usan indistintamente. Por ejemplo, «Por vereda de justicia guiaré, por en medio de sendas de juicio» (Proverbios 8:20), o «Jehová es el que hace justicia y derecho a todos los que padecen violencia» (Salmo 103:6).[7] Apreciamos la similitud de estas palabras, y su importancia en la naturaleza de Dios, en la viva imagen de nuestro gran Dios «entronizado» como Rey de reyes y Señor de señores. Él es el único Juez justo y verdadero. Por tanto, su justicia, basada en su carácter, no es extraña.

> Jehová reina; regocíjese la tierra, alégrense las muchas costas. Nubes y oscuridad alrededor de él; *justicia y juicio son el cimiento de su trono* (Salmo 97:1-2, cursiva añadida).

Dios es recto y justo. Si no fuera recto tampoco sería justo. Si no fuera justo tampoco sería recto. Pero es ambas cosas. Y Él, no el consenso cambiante de la opinión de una élite, es la plomada con que medimos toda pretensión de justicia

Lo que no podemos saber

He asegurado que Dios y su ley proporcionan la plomada por la que podemos decidir el mérito de cualquier pretensión de justicia. Pero ¿podemos realmente conocerle a Él y su ley? Esta cuestión es

---

6. Daniel Janosik, "Is Allah of Islam the same as Yahweh of Christianity?" Columbia International University, http://www.ciu.edu/content/allah-islam-same-yahweh-christianity.

7. Ken Wytsma, *Pursuing Justice* (Nashville: Thomas Nelson, 2013), 89.

urgente para responder acertadamente al caos moral que nos rodea (y en nuestros corazones).

Debemos reconocer que tal norma moral trascendente existe, aunque no tendría ninguna consecuencia si no tuviéramos conocimiento de ella. Pero Dios nos la ha dado a conocer. ¿Cómo?

En primer lugar, nos la comunica *interiormente*. Como portadores de la imagen de Dios, todas las personas tienen una percepción intrínseca de esta ley, por así decirlo, «impresa en nuestro corazón». C. S. Lewis, en su obra clásica *Mero cristianismo*, dice que este código moral innato «es una clave que da sentido al universo». Lewis afirma que «los seres humanos en toda la tierra comparten la curiosa idea de que deben comportarse de cierta manera, y no se pueden librar de ella».[8]

El apóstol Pablo escribió acerca de esto en su epístola a los Romanos: «Porque cuando los gentiles que no tienen ley, hacen por naturaleza lo que es de la ley... son ley para sí mismos, mostrando la obra de la ley escrita en sus corazones, dando testimonio su conciencia, y acusándoles o defendiéndoles sus razonamientos» (Romanos 2:14-15, cursiva añadida). La teoría de la ley natural asegura que los seres humanos pueden comprender la ley moral de Dios por la razón que Él les ha dado.[9]

Pablo declara audazmente que *todas* las personas —no solo los judíos— conocen tácitamente la eterna norma moral de Dios porque «hacen por naturaleza lo que exige la ley». Prueban que la ley de Dios está escrita «en sus corazones» porque su conciencia les convence de mala conducta.

Considere un momento cuán importante es esto. ¿Cómo serían las relaciones humanas si no tuviéramos esta percepción interior del bien y del mal, la conciencia, que nos guía? ¿Qué pasaría si nadie experimentara culpa o vergüenza por hacer el mal? Al que no siente remordimiento por su mala conducta se le llama sociópata, Pablo Escobar, Jack el destripador, el Chapo Guzman eran sociópatas. En un mundo lleno de tales personas, el mal campearía a sus anchas.

---

8. C.S. Lewis, *Mere Christianity* (New York: Collier Books, Macmillan Publishing Co., 1943, 1945, 1952), 21. (Mero Cristianismo, Rialp, Madrid, 2017).

9. "Natural Law," New Advent, http://www.newadvent.org/cathen/09076a.htm.

Pero en su gracia, Dios ha provisto un fuerte freno contra todo ello escribiendo su código moral eterno en nuestros corazones. Esto es lo que hace la justicia —detiene la propagación de la maldad estableciendo, afirmando y defendiendo lo bueno.

En segundo lugar, cuando Pablo dice que los gentiles (no judíos) «no tienen la ley», se refiere a la *otra* manera en que Dios nos comunica su ley trascendente, esto es, a través de los Diez Mandamientos —el código legal concedido por Dios a la humanidad hace tres mil quinientos años—. Los Diez Mandamientos fueron «escritos por el dedo de Dios» (Éxodo 31:18), entregados a Moisés y al pueblo judío, y a través de ellos, a todos nosotros. Esta síntesis de la ley moral de Dios es uno de sus mayores dones a la humanidad, porque proporciona el único fundamento inmutable de la justicia en la historia humana. Por eso la imagen de las tablas de piedra está grabada en la cúspide del edificio de la Corte Suprema de los Estados Unidos

La justicia en la vida cotidiana

Por supuesto, justicia significa mucho más que verificar una lista de reglas. Significa vivir en una justa relación con otros —con Dios y con los seres humanos creados a su imagen—. Define cómo *debemos* tratar a otros, qué clase de conducta es buena y justa, y qué conducta no lo es. Como declara Miqueas 6:8:

> Oh hombre, él te ha declarado lo que es bueno, y qué pide Jehová de ti: solamente hacer justicia, y amar misericordia, y humillarte ante tu Dios.

Gary Breshears, profesor de teología en el Western Seminary de Portland, Oregón, explica que la palabra hebrea *tsedek* (traducida como «justicia») significa: «una vida en la que todas las relaciones, los humanos entre sí, los humanos con Dios y con la creación, son armoniosas y bien ordenadas».[10] La justicia, en este sentido, es similar a *shalom*, la paz y armonía profundas que resultan de las relaciones que se ajustan a la perfecta norma moral de Dios.

Justicia significa prácticamente «seguir el derecho, mostrar imparcialidad, pagar lo que uno ha prometido, no robar, no timar, no recibir cohecho, no aprovecharse del débil, porque esté

---

10. Citado en Wytsma, 95.

desinformado o desconectado para impedir tu conducta», según el pastor Kevin DeYoung.[11] En suma, es vivir los Diez Mandamientos en la vida cotidiana.

«Hacemos justicia cuando damos a todos los seres humanos lo suyo como criaturas de Dios», dice Tim Keller,[12] parafraseando a Aristóteles. La última parte de esta frase es clave: «como criaturas de Dios». La justicia exige reconocer lo que significa ser humano: que todos poseemos valor y dignidad intrínsecos, con «derechos inalienables»[13] (según la frase inmortal de la declaración). «Hacer justicia» es tratar a otros como singularmente valiosos, y respetar los derechos que Dios les ha concedido. Es «amar al prójimo como a uno mismo».[14] Esto recibe a veces el nombre de *justicia comunitaria*, y obliga a todos los seres humanos.

La justicia como juicio equitativo e imparcial

Pero hay otra clase de justicia. La *justicia distributiva* está reservada a las autoridades ordenadas por Dios, como los padres en el hogar, los pastores en la iglesia, y las autoridades civiles del Estado. La justicia distributiva exige que las autoridades juzguen equitativamente, y traten a todos como iguales ante la ley, porque así es como Dios —autoridad suprema en el universo— nos trata a nosotros. Él recompensa imparcialmente el bien y castiga el mal. No ignora los pecados de nadie. No acepta sobornos (Deuteronomio 10:17). La justicia exige que la injusticia sea castigada. Si el mal queda sin castigo, se multiplica la injusticia. «Justicia significa una paga adecuada por cada transgresión», afirma Koukl. «Sin paga no hay justicia».[15] Comúnmente se suele decir que los transgresores deben ser tenidos por «responsables» de sus delitos, recordando nociones contables como deudas, pagos y balances contables. Una buena contabilidad requiere que los libros cuadren. Así sucede con la justicia.

11. Kevin DeYoung, "Is Social Justice a Gospel Issue?" The Gospel Coalition, September 11, 2018, https://www.thegospelcoalition.org/blogs/kevin-deyoung/social-justice-gospel-issue/
12. Tim Keller, "What Is Biblical Justice?" Relevant, August 23, 2012, https://relevantmagazine.com/god/practical-faith/what-biblical-justice.
13. http://www.ushistory.org/declaration/document/.
14. Véase, por ejemplo, Deuteronomio 6:4-5 y Marcos 12:30-31.
15. Koukl, 97.

La antigua imagen (aún vigente) representa la justicia como una mujer con los ojos vendados y balanzas equilibradas en la mano. La venda representa la imparcialidad ante la ley que requiere una decisión justa. Las balanzas representan el equilibrio que exige la justicia. Los que cometen injusticia contraen una *deuda* contra sus víctimas, y la balanza se desequilibra. La deuda puede ser propiedad sustraída, o libertad, o inocencia, o reputación, o incluso la vida. La justicia exige que el equilibrio sea restaurado —que la deuda sea satisfecha.

[Recuadro: Justicia: Conformidad con la norma moral de Dios tal como se revela en los Diez Mandamientos y en la ley real: «Amarás a tu prójimo como a ti mismo» (Santiago 2:8). Hay dos clases de justicia. (1) *Justicia comunitaria*: Cultivar una buena relación con Dios y con los demás; tratar a las personas como se merecen por ser portadoras de la imagen de Dios. (2) *Justicia distributiva*: juzgar imparcialmente, enderezar injusticias y castigar transgresiones. Está reservada para Dios y las autoridades ordenadas por Dios, como los padres en el hogar, los pastores en la iglesia y las autoridades civiles del país].

Las autoridades deben buscar escrupulosamente la verdad para juzgar rectamente. Las denuncias de mala conducta tienen que ser respaldadas con evidencia probada, verazmente contrastada. Los testigos deben ofrecer un testimonio fiel. El perjurio o falso testimonio es una grave injusticia, una violación del noveno mandamiento: «*No hablarás contra tu prójimo falso testimonio*» (Éxodo 20:13). Es decir, *la justicia exige verdad*. Como alguien dijo «La justicia es servidora de la verdad, y cuando la verdad fenece, es enterrada con la justicia».

La injusticia y la Caída

Si justicia significa tratar a los demás conforme a la perfecta norma moral de Dios, hemos de admitir que la *injusticia* está extendida por nuestro mundo caído. Es cierto que tenemos una conciencia que nos muestra la conducta recta. Pero como criaturas caídas, también mostramos una inclinación innata a quebrantar la ley. En nuestra naturaleza caída, queremos ser autónomos —ley para nosotros mismos—. Bajo determinadas circunstancias, nos resulta muy fácil esconder la verdad, mentir, robar, difamar, abusar, atacar, o hacer cosas peores con motivos egoístas. Además, no necesitamos instrucción especial para justificar nuestra mala conducta. Nos resulta natural echar la culpa a otros. No sólo tratamos a otras personas en maneras que no debemos, sino, lo que es más significativo, hacemos lo mismo con Dios. Ignoramos y rechazamos a Aquel que nos creó y nos sustenta, sustituyéndole por los ídolos del dinero, el éxito, la aprobación, el sexo o el bienestar.

Por causa de nuestra naturaleza caída, mostramos doble ánimo por lo que se refiere a la justicia. Exigimos justicia cuando se nos maltrata, pero nos parece inconveniente cuando somos nosotros los maltratadores. Justificamos nuestra mala conducta, o la pasamos por alto, diciendo que no es tan grave. Reivindicamos nuestra inocencia contra toda evidencia. Una vez, después de visitar una cárcel, el evangelista D.L. Moody comentó: «Vaya, nunca vi tantos inocentes juntos en toda mi vida».[16]

Leamos de nuevo los Diez Mandamientos (y la ampliación que de ellos hace Jesús en el Sermón del Monte).[17] ¿Está usted seguro de que cumple cabalmente la norma perfecta de la justicia de Dios? He aquí algunas preguntas en las que todos debemos meditar:

> «¿Ha puesto alguna vez alguna cosa antes o por encima de Dios en su vida? ¿Ha desobedecido o deshonrado alguna vez a sus padres? ¿Ha engañado alguna vez a alguien o falseado la verdad de alguna manera? ¿Ha tomado algo que no era suyo? ¿Ha mantenido intimidad sexual con alguien que no era, por ese tiempo, su cónyuge? ¿Ha entretenido la idea en su mente?».[18]

No se puede negar. Conforme a la única norma que importa a la larga, todos somos culpables de injusticia. Todos somos transgresores. «El mal en el mundo no está fuera», afirma Koukl. «Está dentro de nosotros. En pocas palabras, somos culpables y lo sabemos».[19]

---

16. "Anecdotes and Illustrations-Dwight L. Moody," Precept Austin, https://www.preceptaustin.org/anecdotes_and_illustrations-moody.
17. Éxodo 20 y Mateo 5-7, respectivamente.
18. Koukl, 79.
19. Koukl, 78.

Peor aún. No solo hemos ofendido a otras personas. Hemos ofendido a Dios. Hemos *pecado*. Pecar es violar la ley de Dios. Puesto que Dios es la norma suprema de la bondad, es, en definitiva, la parte ofendida. «Contra ti, contra ti solo he pecado, y he hecho lo malo delante de tus ojos; para que seas reconocido justo en tu palabra, y tenido por puro en tu juicio», dice el rey David en el Salmo 51:4. David fue culpable de la peor vileza: usar su poder para cometer adulterio con Betsabé, e intentar después encubrirlo con el asesinato de su marido Urías. Pero David reconoció que, en última instancia, había pecado contra Dios infringiendo su norma eterna de justicia. Probablemente, sus transgresiones no alcancen el grado de la de David, pero eso no le libra de responsabilidad.

No hay justo, ni aun uno. . .por cuanto todos pecaron, y están destituidos de la gloria de Dios (Romanos 3:9-23).

Dios no es indiferente a la injusticia. Es abominable para Él. «Porque la ira de Dios se revela desde el cielo contra toda impiedad e injusticia de los hombres que detienen con injusticia la verdad» (Romanos 1:18). Los cristianos hoy se sienten incómodos hablando de la ira de Dios. Preferimos abundar en su amor, misericordia y perdón. Estas cualidades son maravillosas, pero si no acertamos a reconocer el aborrecimiento de Dios a la injusticia, nuestra idea de Él es incompleta, e incluso falsa. Debido a su bondad moral, Dios no puede habitar en la injusticia. ¿Acaso querríamos que así fuese? Él no sería bueno si pasara por alto el mal. En ese caso sería cómplice, y Dios jamás lo es. Su naturaleza santa, fuente de toda justicia, lo impide.

La compasión divina le mueve a aborrecer la injusticia. Él es bondadoso para con sus víctimas. Ve sus lágrimas, y las almacena en un frasco (Salmo 56:8).

Porque él librará al menesteroso que clamare, y al afligido que no tuviere quien le socorra. Tendrá misericordia del pobre y del menesteroso, y salvará la vida de los pobres. De engaño y de violencia redimirá sus almas, y la sangre de ellos será preciosa ante sus ojos (Salmo 72:12-14).

Dios se aíra contra los que oprimen al débil, al marginado y al pobre. Tendrá al opresor por culpable.

Dios está plenamente comprometido a actuar contra el mal y la injusticia. Ninguna injusticia será pasada por alto —ni suya ni mía ni de nadie—. Habrá que dar cuenta de toda transgresión. La Biblia, desde Génesis 3 a Apocalipsis, relata el trágico drama del plan divino que abarca toda la historia para restaurar la justicia en un mundo caído, plagado de injusticia y maldad. Pero hay esperanza. Dios proporciona una manera de escapar del castigo y de la ira que nos ha granjeado nuestra rebelión, una salida que despliega la gloria de Dios en todo su esplendor radiante.

El gran dilema

La justicia de Dios está ligada, como todos sus atributos, con su bondad, o rectitud. Pero su bondad se revela también en otras cualidades, como su amor y su misericordia. Estas cualidades aparecen juntas en uno de los pasajes más importantes de la Escritura, Éxodo 34:6-7, que relata la aparición de Dios a Moisés en el monte Sinaí para proclamar su nombre. «Y pasando Jehová por delante de él, proclamó:

> ¡Jehová! ¡Jehová! fuerte, misericordioso y piadoso; tardo para la ira, y grande en misericordia y verdad; que guarda misericordia a millares, que perdona la iniquidad, la rebelión y el pecado, y que de ningún modo tendrá por inocente al malvado; que visita la iniquidad de los padres sobre los hijos y sobre los hijos de los hijos, hasta la tercera y cuarta generación».

Note que el amor, la misericordia y la justicia son aspectos fundamentales del carácter de Dios. Él es «misericordioso, piadoso, abunda en amor inquebrantable» Aun así, «no tendrá por inocente al culpable». A pesar de todo, esto supone un dilema, ya que la misericordia es el acto de suspender el castigo justamente merecido.

¿Qué sucedería si Dios fuse justo pero no misericordioso? ¿Seguiría siendo bueno? No. Sería como el infame inspector Javert, en la novela de Victor Hugo, *Los miserables*, hombre entregado implacablemente a la justicia, pero sin un ápice de misericordia. Y sin embargo, ¿qué sucedería si fuese misericordioso, pero no justo? Si Dios no tuviera en cuenta la maldad, tampoco sería bueno. Tal Dios sería responsable de la proliferación del mal. Dios es *misericordioso* y *justo*, y los que reclamamos justicia pero precisamos misericordia deberíamos de alegrarnos. En las hermosas palabras del Salmo 85:10: «La misericordia y la verdad se encontraron; la justicia y la paz se besaron».¡Qué modelo práctico ofrece esta gran yuxtaposición!

En el cenit de la extraordinaria historia de redención descubrimos la vida, muerte y resurrección de Jesucristo. Dios encarnado en un acto de amor puro, tomó sobre sí mismo el castigo que nosotros merecíamos por nuestras transgresiones para poder ofrecernos una misericordia que nunca podríamos merecer. Los autores del Nuevo Testamento expresaron su asombro ante esta maravilla una y otra vez:

> Porque no hay diferencia (entre judíos y gentiles), por cuanto todos pecaron, y están destituidos de la gloria de Dios, siendo justificados gratuitamente por su gracia, mediante la redención que es en Cristo Jesús, a quien Dios puso como propiciación por medio de la fe en su sangre, para manifestar su justicia. . . *a fin de que él sea el justo, y el que justifica al que es de la fe de Jesús* (Romanos 3:21-26, cursiva añadida).
>
> Al que no conoció pecado, por nosotros lo hizo pecado, para que nosotros fuésemos hechos justicia de Dios en él (2 Corintios 5:21).
>
> Porque también Cristo padeció una sola vez por los pecados, el justo por los injustos, para llevarnos a Dios, siendo a la verdad muerto en la carne, pero vivificado en espíritu (1 Pedro 3:18).

Quizás la imagen más clara de la gran transacción fue registrada por el profeta Isaías unos 700 años antes del nacimiento de Jesús:

> Ciertamente llevó él nuestras enfermedades, y sufrió nuestros dolores; y nosotros le tuvimos por azotado, por herido de Dios y abatido. Mas él herido fue por nuestras rebeliones, molido por nuestros pecados; el castigo de nuestra paz fue sobre él, y por su llaga fuimos nosotros curados. Todos nosotros nos descarriamos

como ovejas, cada cual se apartó por su camino; mas Jehová cargó en él el pecado de todos nosotros (Isaías 53:4-6).

Esta es la buena nueva que constituye la esencia de la historia bíblica de la redención. La misericordia y la justicia de Dios se encuentran en la cruz. El don inefable del perdón en Jesucristo está a disposición de todos, no importa cuán grandes hayan sido sus pecados.

Trágicamente, muchos rechazan este regalo. Algunos rechazan a Jesús y se niegan a creer que Él es quien dijo que era. Otros rechazan a Dios como si fuera un supersticioso cuento de hadas, niegan su ley moral objetiva y trascendente. Otros prefieren «ganarse» la salvación, pensando que sus buenas obras les granjearán el favor de Dios. Pero la cosa no funciona así. Cada pensamiento, palabra o hecho que viola la perfecta norma moral de Dios contrae una deuda y esa deuda tiene que ser satisfecha. Si rechazamos el pago que hizo Cristo por nosotros, entonces tendremos que satisfacerlo nosotros mismos. De uno u otro modo, hay que pagar un precio, porque al final, debe prevalecer la justicia perfecta.

La justicia y la misericordia a la sombra de la cruz

La cruz es la solución definitiva de Dios para afrontar el mal y la injusticia en el mundo. El Calvario hizo posible que este objetivo se lograra, pero su efecto no será pleno hasta el retorno de Jesús. Dios retrasa el juicio final por el momento, sabiendo bien que el mal y la injusticia continuarán. Lo retrasa, no porque no tenga poder frente el mal, o porque carezca de compasión por sus víctimas. Lo retrasa en aras de la misericordia, porque «El Señor no retarda su promesa, según algunos la tienen por tardanza, sino que es paciente. . . no queriendo que ninguno perezca, sino que todos procedan al arrepentimiento» (2 Pedro 3:9).

Pero su paciencia no durará para siempre. Cuando Jesús regrese, será el Juez. Ese día se hará perfecta justicia. El mal será castigado, las heridas serán restañadas, las lágrimas enjugadas y el mundo enderezado.[20]

---

20. Paráfrasis de Koukl, 154.

Y vi un gran trono blanco y al que estaba sentado en él, de delante del cual huyeron la tierra y el cielo, y ningún lugar se encontró para ellos. Y vi a los muertos, grandes y pequeños, de pie ante Dios; y los libros fueron abiertos, y otro libro fue abierto, el cual es el libro de la vida; y fueron juzgados los muertos por las cosas que estaban escritas en los libros. . . y fueron juzgados cada uno según sus obras. . . y el que no se halló inscrito en el libro de la vida fue lanzado al lago de fuego (Apocalipsis 20:11-13).

Todos compareceremos ante el trono del juicio y los libros serán abiertos. Uno contendrá un registro de todo lo que hemos hecho. Todos nuestros actos y pensamientos serán juzgados por la perfecta norma moral de Dios. Nada permanecerá oculto. No se podrá huir de la justicia.

Pero, afortunadamente, hay otro libro —el libro de la Vida— que también contiene un registro. Menciona los nombres de los que, aunque culpables, han recibido misericordia, simplemente porque la han solicitado. ¿De qué manera? El castigo de su transgresión fue pagado en la cruz. En el juicio del último día, no importará que uno sea hombre o mujer, blanco o negro, rico o pobre. La única cuestión que importará es que los «pobres en espíritu» clamaron por misericordia, y los soberbios no clamaron.

Tan cierto como que el sol se levanta, ese día llegará. Pero mientras tanto, la iglesia tiene trabajo que hacer. Tenemos que hacer saber al mundo que la misericordia y el perdón están al alcance de la mano gracias a la obra consumada de Cristo. Tenemos que ofrecer a nuestros vecinos un anticipo del reino venidero modelando la justicia en nuestras relaciones y luchando contra la injusticia siempre que aparezca. Nos ocuparemos de la obra del reino en el próximo capítulo.

SESIÓN 2

Versículo bíblico para memorizar

«*Él es la Roca, cuya obra es perfecta, porque todos sus caminos son rectitud; Dios de verdad, y sin ninguna iniquidad en él; es justo y recto*». Deuteronomio 32:4

Parte A. Lea las páginas 31-33

1. La justicia es adscripción a una norma de bondad o rectitud. Según el Dr. Martin Luther King, Jr., ¿cómo se determina si una ley es justa o injusta?

2. Sin la «ley superior de Dios», la justicia es _____ y _____ basada en quien cede _____.

3. Escriba los siguientes versículos en los que «justicia y rectitud» se usan indistintamente en las Escrituras:

Proverbios 8:20

Salmo 103:6

Salmo 97:1-2

Parte B. Lea las páginas 34-35

4. Dios, no el «consenso cambiante de la opinión de la élite», es el _____ _____ por el que los cristianos miden toda reivindicación de justicia.

5. ¿De qué dos maneras comunica Dios su justa ley a la humanidad?

Parte C. Lea las páginas 35-37

6. El pastor Kevin DeYoung describe siete formas diferentes de practicar la justicia en la vida cotidiana. ¿Cuáles son?

7. Así como en el caso de Estados Unidos, ¿se encuentra en la Declaración de Independencia de tu país algún adjetivo para definir nuestros derechos como creaciones (o criaturas) de Dios? De ser así, ¿qué significa esta palabra? (Recurra al diccionario, si es necesario).

8. La justicia bíblica es tanto comunitaria como distributiva. Descríbalas.

Parte D. Lea las páginas 38-40
9. ¿Por qué actuamos con «doble ánimo» cuando se trata de la justicia en nuestra propia vida? ¿Puede dar un ejemplo de esto?

10. Cuando no estamos a la altura de la perfecta norma de justicia de Dios, esto se llama _____. Somos culpables de injusticia no solo contra la humanidad, sino contra _____. Escriba el Salmo 51:4 y Romanos 3:9, 23, los cuales comunican claramente esta verdad.

11. Debido a la bondad moral de Dios y a que aborrece la injusticia, ¿qué le vemos hacer o promete hacer cuando él la ve en el mundo? (Romanos 1:18; Salmo 56:8; Salmo 72:12-14)

Parte E. Lea las páginas 40-43
12. La justicia y la misericordia de Dios se encuentran en _____. Explique esta declaración con sus propias palabras, con las del autor o usando las Escrituras. (Salmo 85:10; Romanos 3:22-26; 2 Corintios 5:21; 1 Pedro 3:18; Isaías 53:4-6)

13. ¿Por qué Dios retrasa momentáneamente el juicio final? (2 Pedro 3:9)

14. ¿Qué dos cosas debe hacer la iglesia mientras espera el juicio final de Dios?

Parte F. Repase el capítulo y Deuteronomio 32:4.
15. ¿Qué ha aprendido sobre Dios y/o la iglesia en este capítulo y en las Escrituras que ha estudiado esta semana?

Notas y reflexiones personales

3

JUSTICIA ANTES DEL JUICIO

La adolescente Rachael Denhollander, gimnasta del equipo olímpico de los Estados Unidos, fue repetidamente atacada sexualmente por el médico del equipo Larry Nassar —un abusador en serie de 260 jóvenes víctimas—. En 2016, ella le denunció a la policía, y Nassar fue juzgado y condenado a cumplir una sentencia entre 40 y 175 años de cárcel.

Durante el proceso, el juez dio a Denhollander permiso para dirigirse directamente a Nassar. Su testimonio reveló profunda sabiduría sobre la justicia y la misericordia a la sombra de la cruz. Esta valiente esposa cristiana, madre y abogada, comentó el terrible mal que Nassar había cometido: «Usted se ha convertido en un hombre dominado por sus deseos egoístas y pervertidos. . . escogió ir en pos de su perversidad, sin importarle lo que costaría a otros». Y recordó a Nassar que además del juicio terrenal, tendría que enfrentarse a un juicio celestial en el que «toda la ira y el terror eterno se derramarían en hombres como él».[1]

Pero la justicia no lo es todo. También hay misericordia, y Denhollander aludió a ella: «Si en algún momento llega a aceptar lo que ha hecho, la culpabilidad que sienta será aplastante. Y eso es lo que hace que el evangelio de Cristo sea tan dulce, porque extiende gracia, esperanza y misericordia donde antes no había. Y están a su disposición».

Luego Denhollander hizo algo milagroso. Ofreció a Nassar su perdón. «Pido a Dios que usted experimente en su alma el peso aplastante de la culpa, para que un día pueda experimentar el verdadero arrepentimiento y el perdón de Dios, que, por cierto, necesita mucho más que el mío, aunque también se lo ofrezco».

---

1 Citado por Murray Campbell, "Rachael Denhollander and her extraordinary speech," The Gospel Coalition, January 25, 2018, https://au.thegospelcoalition.org/article/rachael-denhollander-extraordinary-speech/. Other Denhollander quotes from this article.

Al cometer esa horrenda injusticia, Nassar contrajo una deuda contra Denhollander y las otras víctimas. También contrajo una deuda contra Dios por quebrantar su norma moral eterna. Para que reine la justicia, esa deuda tiene que ser satisfecha. La justicia parcial fue cumplida en la sentencia que dictó el tribunal terrenal en Michigan, el 24 de enero de 2018, pero la justicia perfecta solo será satisfecha si un Nassar perdonado entra en el salón del trono celestial, y sus pecados son cubiertos por el perfecto sacrificio de Cristo.

No obstante, si Nassar endurece su corazón y muere sin Cristo, tendrá que enfrentarse a la ira de Dios. En palabras del apóstol Pablo: «Pero por tu dureza y por tu corazón no arrepentido, atesoras para ti mismo ira para el día de la ira y de la revelación del justo juicio de Dios» (Romanos 2:5). Pero Denhollander felizmente nos recuerda que si Nassar se compunge y se arrepiente, Dios (parafraseando Colosenses 2:14) «anulará el cargo de su deuda legal, que se levanta contra él y le condena, alejándolo de él y clavándolo en la cruz». No se lo merecerá en modo alguno. Es un don. Una gracia maravillosa.

Gracias a la cruz, Denhollander perdonó a Nassar. Perdonar a alguien que ha causado tan gran trauma es, humanamente hablando, imposible. Pero para Dios, todo es posible (Mateo 19:26). Denhollander puede perdonar porque ella sabe que ha sido perdonada, y es también indigna de la misericordia de Dios. Ella perdona sabiendo que se acerca un futuro ajuste de cuentas, lo cual deja la dispensación de la justicia en las capaces manos de Dios.

Como exhorta el apóstol Pablo en Romanos 12:19: «No os venguéis vosotros mismos, amados míos, sino dejad lugar a la ira de Dios; porque escrito está: Mía es la venganza, yo pagaré, dice el Señor». No nos incumbe arrancar todo el mal de la tierra. Antes bien, somos llamados a amar a nuestros enemigos y amigos, sabiendo que Dios destruirá decisivamente el mal a su regreso.

¿Qué aspecto tiene este amor? Romanos 12:20-21 proporciona observaciones útiles.

Así que, si tu enemigo tuviere hambre, dale de comer; si tuviere sed, dale de beber; pues haciendo esto, ascuas de fuego amontonarás sobre su cabeza. No seas vencido de lo malo, sino vence con el bien el mal.

Gracias a la cruz, Denhollander está venciendo el mal con el bien ante un hombre que la ofendió, como también a muchas otras. El pastor John Piper cree que no debemos permitir que la hostilidad de un enemigo produzca hostilidad en nosotros. Piper asegura: «No se deje vencer por su mal. No permita que el mal de otro se instale en usted».[2]

En un mundo repleto de injusticias grandes y pequeñas, la cruz de Cristo nos anima a vencer el mal con el bien mientras esperamos la perfecta justicia de Dios y el juicio final, cuando todas las balanzas estén perfectamente ajustadas. Mientras tanto, somos llamados a trabajar por la justicia y la misericordia en nuestra vida y en el mundo.

Una cultura edificada sobre la justicia y la misericordia

«La justicia, señor, interesa en gran manera a los habitantes de la tierra», dijo Daniel Webster. «Es el ligamento que cohesiona a seres y países civilizados».[3] Webster tenía razón. Sin justicia es imposible la prosperidad humana.

Los que nos hemos criado en culturas profundamente moldeadas por la cosmovisión judeocristiana a veces no acertamos a apreciar la herencia única de nuestras sociedades relativamente justas. Tomamos por sentado que los seres humanos tienen derechos inalienables y merecen respeto, y que los que transgreden tienen derecho a un proceso justo. Olvidamos que en el ancho curso de la historia, las sociedades relativamente justas son la excepción, no la norma.

Antes del retorno de Cristo, no habrá sociedades perfectamente justas, aunque algunas serán más justas que otras. ¿Cuáles son los rasgos característicos que distinguen a estas sociedades?

---

2. John Piper, "Christ Overcame Evil with Good—Do the Same," Desiring God, March 20, 2005, https://www.desiringgod.org/messages/christ-overcame-evil-with-good-do-the-same.

3. Véase "It Is The Ligament," LawMuseum, http://www.duhaime.org/LawMuseum/LawArticle-558/It-Is-The-Ligament.aspx.

Reconocimiento de un legislador trascendente

Las sociedades justas reconocen una ley moral superior a sí mismas, y un legislador supremo al que incluso los más poderosos deben rendir cuentas. Los fundadores de Estados Unidos reconocieron ambas cosas en la primera frase de la Declaración de Independencia:

> Cuando en el curso de los acontecimientos humanos se hace necesario que un pueblo disuelva los lazos políticos que lo han vinculado a otro y adopte entre los poderes de la tierra la posición igual y separada a la que *las leyes de la naturaleza y de la naturaleza divina* le dan derecho, un respeto apropiado por la opinión de la humanidad exige que dicho pueblo declare los motivos que lo impulsan a la separación [cursiva añadida].

Esto fue deliberado. A menos que la justicia se funde en una base trascendente y objetiva, se basará en una moral humana, impuesta por quien ostenta el poder.

Respeto al imperio de la ley

Las sociedades justas se edifican sobre el Estado de derecho, el acuerdo de que la ley se aplica a todos por igual. El imperio de la ley afirma que los que promulgan leyes y administran justicia deben someterse y atenerse a la ley. No son libres para cambiar o derogar la ley en su favor o en perjuicio de sus adversarios. Por el contrario, las sociedades injustas, son gobernadas por leyes humanas que no reconocen ley trascendente.

La dignidad humana y los derechos humanos concedidos por Dios

Las sociedades justas se edifican sobre la verdad de que todos los seres humanos son portadores de la imagen de Dios y, como tales, tienen igual dignidad, valor incalculable, y derechos que no se les puede arrebatar. . . «Todos los hombres son creados iguales, y su Creador los ha dotado de ciertos derechos inalienables. . .». Las sociedades justas coinciden con C. S. Lewis, quien escribió: «No hay gente común. Uno nunca habla con un mero mortal. . . Después del bendito sacramento, su prójimo es el objeto más santo que tiene ante sus sentidos».[4]

4. C.S. Lewis, El peso de la gloria, Rialp, 2017. (The Weight of Glory, San Francisco: HarperOne, 2001), 45-46

Sarah Irving-Stonebraker se crio en Australia como laicista bien intencionada y meticulosa que nunca había examinado las implicaciones de su cosmovisión. Eso empezó a cambiar después de asistir a tres conferencias en la Universidad de Oxford a cargo del filósofo ateo Peter Singer. Irving-Stonebraker se dio cuenta que el ateísmo no proporciona fundamento para la dignidad y la igualdad humanas.

> Recuerdo que salía de las conferencias de Singer sintiendo un extraño vértigo intelectual: Yo estaba resuelta a creer que el valor humano universal era más que mera pretensión bien intencionada del progresismo. Pero sabía por mi propia investigación de la historia de los imperios europeos y su contactos con culturas indígenas, que las sociedades siempre han tenido distintas concepciones de la dignidad humana o falta de la misma. La premisa de la igualdad humana no es una verdad evidente: es histórica y profundamente contingente. Empecé a darme cuenta de que las implicaciones de mi ateísmo eran incompatibles con casi todos los valores que más estimaba.[5]

Cómo descubrió Irving-Stonebraker, el ateísmo no ofrece base alguna para la dignidad humana, y sin dignidad ni igualdad humanas, no hay justicia. Esta es la razón por la que las sociedades justas sostienen un alto concepto de la vida humana. Las sociedades justas defienden la dignidad intrínseca de todas las personas, independientemente del sexo, color de la piel, conducta sexual, origen étnico, o religión, desde el nacimiento hasta la muerte natural.

La injusticia resulta cuando ciertos grupos se deshumanizan. En los primeros días de los Estados Unidos, muchos consideraban que los esclavos no eran plenamente humanos. Hoy se actúa así para con los no nacidos. En la medida en que el racismo y el antisemitismo prosiguen, padecen los afroamericanos y el pueblo judío.

La ideología de la justicia social se basa en la creencia de que la raza blanca y, en particular, los varones blancos, hetero-normativos, son la causa del mal y la injusticia en el mundo. Los que se adhieren a esta ideología equiparan el mal que hay en el mundo

---

5. Sarah Irving-Stonebraker, "How Oxford and Peter Singer drove me from atheism to Jesus," Solas, May 6, 2019, https://www.solas-cpc.org/how-oxford-and-peter-singer-drove-me-from-atheism-to-jesus /?fbclid=IwAR1TaXvR4LLGyMJlXhGiYNPMGJk_KasEYaVY4by7H-4lZ9APM_kmqfiTsjo.

con la «raza o la supremacía blanca». Esta creencia otorga a los abogados de la justicia social licencia para deshumanizar y degradar a la raza blanca con aparente impunidad. Irónicamente, la justicia social pretende ser antirracista, no obstante, esgrime un vil racismo contra la gente con piel blanca. Considere el caso de Sarah Jeong, contratada como editorialista por el *New York Times* a pesar de su historial racista de tuits contra los blancos.[6] Cuando los seres humanos reciben un trato infrahumano, se engendra un mal incalificable.

Control de la corrupción

Una de las peores lacras de cualquier país es la corrupción: el abuso de poder para obtener lucro personal (normalmente económico). El Índice de Percepción de la Corrupción de Transparencia Internacional[7] revela que, con escasas excepciones, los países con niveles inferiores de corrupción emergieron en un marco judeocristiano. Los que no presentan esta ventaja tienden a identificar niveles más altos de corrupción en el sector público, según los expertos y los empresarios.

La razón es sencilla. Las sociedades se edifican a imagen del Dios, o dioses a los que dan culto. Si los dioses son egoístas, caprichosos e impredecibles —si pueden ser sobornados para recibir un trato especial—, entonces las culturas manifestarán altos niveles de soborno y corrupción. Pero si la cultura es moldeada y conformada por el culto al Dios vivo y verdadero que «ama la justicia y aborrece la maldad» (Salmo 45:7), y «que no hace acepción de personas, ni toma cohecho» (Deuteronomio 10:17), la corrupción será significativamente reducida.

Un pastor keniano que habló con mi colega Darrow Miller cayó en la cuenta diciendo: «¿Me está diciendo usted que un soborno es un acto de adoración?» «Sí», repuso Darrow. «Pero no de adoración al Dios viviente. Si alguien practica un soborno, debe confesar que no adora al Dios viviente, sino a un dios pagano». Entonces se

---

6. Brian Flood, "New York Times stands by new tech writer Sarah Jeong after racist tweets surface," Fox News, August 2, 2018, https://www.foxnews.com/entertainment/new-york-times-stands-by-new-tech-writer-sarah-jeong-after-racist-tweets-surface.

7. https://www.transparency.org/research/cpi/overview.

le encendieron las luces al hombre: «De manera que hacer justicia es un acto de adoración al Dios viviente». «En efecto» —repuso Darrow— «Así es exactamente».

Verificar un proceso legal

Un proceso legal es determinado por la clase de trato respetuoso que el acusado merece como portador de la imagen de Dios. Implica ciertos elementos definibles que se aplican imparcialmente. Entre ellos: (1) el derecho a un juicio oportuno a cargo de un juez y un jurado imparciales; (2) la presunción de inocencia hasta que la culpabilidad quede demostrada por el testimonio de varios testigos, y la presentación de pruebas corroborativas; (3) el derecho del acusado a ser informado de los cargos que hay contra él o contra ella; (4) el derecho del acusado a defenderse de sus acusadores, y a interrogar a los testigos contrarios; (5) el derecho del acusado a ser representado por un asesor legal; y (6) el derecho del acusado a defenderse, incluido el llamamiento de testigos.[8]

El proceso legal es otro fruto de la civilización judeocristiana. Sus raíces bíblicas se retrotraen a pasajes como Deuteronomio 19:15, que declara: «No se tomará en cuenta a un solo testigo contra ninguno en cualquier delito ni en cualquier pecado, en relación con cualquiera ofensa cometida. Sólo por el testimonio de dos o tres testigos se mantendrá la acusación». Del mismo modo, el Nuevo Testamento declara que Dios es imparcial: «Sin acepción de personas juzga según la obra de cada uno» (1 Pedro 1:17). Por tanto, los jueces terrenales deben ser justos e imparciales, ya que su autoridad para juzgar emana de Dios (Romanos 13:1). Estos principios han sido transmitidos de generación en generación, y fueron codificados en la Carta Magna y la constitución de los Estados Unidos. Las sociedades justas valoran, protegen y preservan los procesos legales.

Encomendemos el juicio final a Dios

Las sociedades justas entienden que no todo mal será juzgado antes del retorno de Cristo. Recuerdan que la justicia final será completa

---

8. Para más información sobre este tema, véase "The Elements of Due Process," Legal InformationInstitute, https://www.law.cornell.edu/constitution-conan/amendment-14/section-1/the-elements-of-due-process.

y perfectamente dispensada por Jesucristo, Hijo de Dios (Juan 5:22), y que se acerca el día de la rendición final de cuentas. Como proclamó Pablo en el Areópago de Atenas a los filósofos paganos de la antigua Roma:

> «Pero Dios, habiendo pasado por alto los tiempos de esta igno-rancia, ahora manda a todos los hombres en todo lugar, que se arrepientan; por cuanto ha establecido un día en el cual juzgará al mundo con justicia, por aquel varón a quien designó, dando fe a todos con haberle levantado de los muertos» (Hechos 17:30-31).

Al no forzar este juicio futuro en el presente, los cristianos tienen espacio para extender gracia y misericordia ante el mal del mundo, aunque intenten rectificar la injusticia cuando sea posible. Aunque, trágicamente, la historia de la iglesia está salpicada de horribles epi-sodios de inquisición o cruzadas protagonizadas por hombres que neciamente trataron de arrogarse el juicio de Dios en sus manos, la trayectoria principal de la fe judeocristiana ha producido civiliza-ciones que defienden los principios de la justicia y pueden criticar —y a menudo corregir— las violaciones de la misma justicia.

Este no es el caso de los que niegan a Dios y el juicio final, que desechan la religión como «opio de las masas». Al no creer en un Juez supremo que separará las ovejas de las cabras, asumen sobre sí mismos la responsabilidad de hacer perfecta justicia. Creen que toda ofensa moral debe ser inmediatamente desagraviada hasta conseguir una sociedad perfecta. Las decenas de millones de perso-nas muertas por la hambruna, o ejecutadas, encarceladas y aborta-das bajo el comunismo dan testimonio de la cruda realidad de esta clase de juicio humano. Tales concepciones utópicas carecen de base para la gracia o la misericordia.

A pesar del reconocido registro de horrores producidos por esta clase de mentalidad impía, estamos asistiendo al retorno de una redefinición de la «justicia» con el nombre de «justicia social». Como veremos, no lo es en absoluto.

SESIÓN 3:

Versículo bíblico para memorizar

«No os venguéis vosotros mismos, amados míos, sino dejad lugar a la ira de Dios; porque escrito está: Mía es la venganza, yo pagaré, dice el Señor». Romanos 12:19

Parte A. Lea las páginas 47-49

1. ¿Qué papel ejerce Dios comparado con el nuestro para erradicar todos los males de la tierra?

2. Escriba Romanos 12:20-21, que describe bellamente el amor que los creyentes son llamados a tener por sus enemigos.

Parte B. Lea las páginas 49-50

3. Según Daniel Webster, ¿qué «ligamento mantiene unidos a los seres y naciones civilizados»?

4. ¿Qué cuatro cosas dan por sentadas las personas que han crecido en una cultura profundamente moldeada por la cosmovisión judeo-cristiana? ¿Puede percibir estas mismas características en la cultura de su nación?

5. Las sociedades justas reconocen un _____ _____ superior a ellas mismas y un _____ _____ ante el cual incluso los más poderosos han de dar cuenta.

Parte C. Lea las página 50

6. Si la justicia no se basa en una base objetiva y trascendente, ¿en qué se basará por necesidad? ¿Quién impondrá tal «justicia»?

7. Las sociedades justas se basan en el estado de _____(o imperio de la_____), no en _____.

8. ¿Qué es el «estado de derecho»? Dé un ejemplo de cuándo lo ha visto en acción.

Parte D. Lea las páginas 50-52

9. Las sociedades justas se basan en la verdad de que todos los seres humanos son _____ _____-_____ y, como tales, tienen igual_____, incalculable _____ y _____ que son inalienables.

10. ¿Hay algún documento de declaración de independencia de su nación que refleje la verdad descrita en la pregunta anterior?

11. Sarah Irving-Stonebraker descubrió que el ateísmo no proporciona ninguna razón fundamental para dos cosas. ¿Cuáles son? ¿Qué consecuencia natural se manifiesta en una sociedad no marcada por estas dos cosas?

Parte E. Lea las páginas 53-54

12. Describa el proceso «legal». ¿Por qué se llama proceso «legal»? Dé algunos ejemplos del proceso legal que disfrutan las personas en su nación como producto de los principios judeocristianos que han marcado a la cultura occidental.

13. ¿Qué espacio tienen los cristianos para actuar, sabiendo que Dios está a cargo del juicio final? ¿Cómo termina todo?

14. ¿Qué tienen que asumir los que niegan a Dios y su juicio final para lograr una sociedad «perfecta»?

Parte F. Repase el capítulo y Romanos 12:19.

15. ¿Qué ha aprendido sobre Dios y/o la iglesia en este capítulo y en las Escrituras que ha estudiado esta semana?

Notas y reflexiones personales

4

JUSTICIA REFORMULADA

Un Creador perfectamente santo y justo ha entretejido profundamente la justicia en el cosmos, y nuestros corazones lo saben. Cuando golpean tragedias aparentemente sin sentido, el cristiano se pregunta naturalmente «¿por qué?»... e incluso los ateos se enfurecen contra Dios.

> Aunque neguemos la existencia de Dios, no podemos vivir como si no existiera la justicia. No es posible aceptar un universo indiferente al mal. Más bien, si negamos a Dios, crearemos nuestros propios códigos morales, nuestra propia norma de justicia. Si abandonamos una plomada trascendente para distinguir entre el bien y el mal, la única alternativa que nos queda es aceptar una norma humana. Por supuesto, tal norma será variable, arbitraria y estará sujeta a los caprichos de los que ostentan el poder.

Actualmente, una ideología (y el movimiento que la acompaña)

> La justicia reformulada: Derribe de los sistemas y estructuras tradicionales estimadas opresivas y redistribución del poder y los recursos de los opresores a las víctimas en aras de la igualdad de resultados.

que se etiqueta «justicia social» ha reformulado radicalmente la idea popular de la justicia. A diferencia de la antigua idea de justicia basada en la revelación judeocristiana, esta nueva ideología se caracteriza por su:

- Obsesión con el poder, la opresión y la victimización. Contempla un mundo dividido entre opresores malos y víctimas inocentes en una lucha por el poder de suma cero: no existe nada fuera de estas dos categorías.
- Metodología: «El fin justifica los medios»

- Fijación de clase, raza, género y orientación sexual como características definitorias de la identidad personal. Los individuos son «representantes indefinidos de su clase taxonómica».[1]
- Hostilidad hacia la religión judeocristiana, en particular por lo que respecta a la familia y la sexualidad.
- Antipatía hacia la familia natural, y específicamente, hacia la autoridad de los padres sobre sus hijos y la autoridad del marido en el hogar.
- Fijación en la redistribución de riqueza y poder por el Estado cada vez más inflado.

Esta enormemente influyente ideología es extremadamente grave. No es sino una especie de ácido cultural que corroe los pilares de una sociedad libre, justa y abierta, que descartamos por el peligro que supone para todos.

Cosmovisiones cambiantes

Para entender cómo la ideología de la justicia social ha desplazado a la idea bíblica de la justicia, antes debemos explorar dos cambios trascendentales de cosmovisión en Occidente a partir de principios del siglo XVIII. En el núcleo de toda cultura subyace un «culto», un sistema de creencias profundamente religioso. Un cambio de cosmovisión supone sustituir un «culto», una moral y un sistema judicial por otros.

El primer cambio tuvo lugar durante la Ilustración cuando la cosmovisión que denominaré pre-modernismo fue sustituida por el modernismo. Los sistemas de creencias pre-modernos reconocen una realidad espiritual que trasciende el universo. Aunque son sistemas de creencias altamente complejos y sofisticados, desarrollados durante civilizaciones, las grandes religiones monoteístas —el judaísmo, el cristianismo y el islam— son pre-modernas. La autoridad suprema recae en Dios y su voluntad revelada. No obstante, el modernismo prescinde de Dios y del ámbito espiritual, define la realidad en términos exclusivamente materiales. Para el hombre moderno, la ciencia es el árbitro supremo de la verdad.

1. Noah Rothman citadopor Graham Hillard, "The Social-Justice Movement's Unjust Crusade," *National Review*, March 25, 2019, https://www.nationalreview.com/magazine/2019/03/25/the-social-justice-movements-unjust-crusade/.

Luego, comenzando a mediados del siglo XX, el modernismo dio paso al posmodernismo. El posmodernismo basa la realidad, no en Dios o en el universo material, sino en el hombre mismo —en el individuo autónomo y soberano—. La «verdad» es ahora interna, personal, y subjetiva —producto de la imaginación humana—. Donde el modernismo nos dejó con un mundo material sin sentido, el profeta posmoderno Friedrich Nietzsche postuló el *Übermensch* (superhombre), que impondría audazmente su voluntad a la realidad.

Tres cambios cruciales en las cosmovisiones occidentales[2]

Cosmovisión	Fechas	Realidad	Autoridad suprema
Premoderna	Antes del siglo XVII	Espiritual y material	Dios y su Palabra (p. ej., los Diez Mandamientos)
Modernismo	Siglos XVIII al XX	Solo material	Ciencia
Posmodernismo	Siglo XX hasta hoy	La mente humana	El yo autónomo, soberano

El posmodernismo concibe a los seres humanos como agentes autónomos, independientes. Autónomo deriva de las palabras griegas *autos*, que significa «yo» y *nomos*, que significa «ley». Ser autónomo es ser ley para uno mismo. Desaparece toda idea de ley moral, objetiva y trascendente, e incluso las leyes naturales de la modernidad. La realidad es ahora subjetiva, producto de la mente humana.

Debido a que el posmodernismo percibe la realidad como subjetiva, ya no contamos con base alguna para los derechos humanos. La vida y la libertad han sido sustituidas por un nuevo derecho humano general: «El derecho a definir el propio concepto de existencia, el sentido, del universo, y el misterio de la vida humana, como expresó excelentemente Anthony Kennedy, de la Corte Suprema de Justicia.[3] El hombre posmoderno es fuente y delimitador de la realidad.

Caos social

Pero surge un problema obvio. Si cada persona es ley para sí misma,

---

2. Estas ideas pertenecen a Everett Piper, ex presidente de la Universidad Wesleyan de Oklahoma.
3. Planned Parenthood v. Casey, United States Supreme Court, 505 U.S. 833; 112 S.Ct. 2791; 120 L.Ed. 2d. 674 (1992), https://web.utk.edu/~scheb/decisions/Casey.htm.

¿sobre qué base se puede ordenar una sociedad? ¿Quién tiene autoridad última cuando somos nuestros propios dioses? Al basar la realidad en el individuo autónomo y soberano, el posmodernismo resulta impracticable. Conduce al caos social —a toda idea (excepto al teísmo judeocristiano) se le concede un puesto de honor en la plaza pública, la gente ya no está segura de su sexo, se alimentan odios despiadados y ostensibles en los medios sociales, en las calles, y en la política, las diferencias irreconciliables pasan a ser la norma.

Por miles de años, la cosmovisión judeocristiana proporcionó a Occidente una narrativa global, un marco y una base para la justicia, un fundamento suficiente para la dignidad humana. Actualmente, todo ello se ha dejado de lado, y lo que antes ordenaba la sociedad y daba sentido y propósito al individuo ha sido abandonado. Por supuesto, el vacío de cosmovisión no duró mucho. El teórico social alemán Karl Marx (1818-1883) creó una nueva narrativa, una nueva cosmovisión —de hecho, una religión— para reemplazar a la cosmovisión judeocristiana como nueva «religión» de Occidente.

La religión de Marx se basa en supuestos modernos, ateos, sin embargo, es compatible con categorías de pensamiento posmoderno, lo que permite que estas dos cosmovisiones coexistan felizmente en el Occidente post-cristiano. Tanto el posmodernismo como el marxismo descienden del idealismo y el romanticismo europeos, de filósofos como Kant, Hegel y Nietzsche. No es de extrañar que el teórico posmoderno más influyente, Michel Foucault (1926-1984) y Jacques Derrida (1930-2004), fueran enormemente influidos por el marxismo, y que Foucault fuera por un tiempo miembro del partido comunista francés.[4]

En el siglo XX, la meta-narrativa religiosa de Marx fue puesta a prueba, primero en Rusia, bajo Lenin y Stalin, después en China, bajo Mao, y más adelante en Corea del Norte, Vietnam, Camboya y Cuba. Estos vastos experimentos sociales originaron completos desastres, crearon Estados represores, gulags y genocidios que asesinaron a

---

4. Para tratar en profundidad este importante tema, recomiendo: Nancy Pearcey *El hallazgo de la verdad*: 5 Principios para desenmascarar el ateísmo, el laicismo y otros sustitutos de Dios (Tyler, Texas: Editorial JUCUM; 2017). Véase también Peggy Kamuf, "When Derrida discovered Marx," Salon, April 28, 2013, https://www.salon.com/2013/04/28/grappling_with_specters_of_marx_partner/.

millones de personas.

Y a pesar de una trayectoria tan horrible, el marxismo sigue aún entre nosotros. Aunque disfrazado de modo diferente, la mortífera teoría de Marx, se ha convertido, increíblemente, en la cosmovisión más influyente de Occidente. Cuando los Estados comunistas empezaron a caer a mediados del siglo XX, una nueva generación de teóricos marxistas surgieron en Europa y rescataron el movimiento. Entre ellos estaban Antonio Gramsci (1891-1937), Herbert Marcuse (1898-1979), y Max Horkheimer (1895-1973). Su red informal fue conocida como la Escuela de Frankfurt,[5] ellos relanzaron el marxismo (a veces llamado «neo-marxismo» o «marxismo cultural») incubándolo en universidades de Estados Unidos, Europa y Latinoamérica bajo el encabezamiento general de «teoría crítica». La cosmovisión de Marx se apoya en la idea de que el mundo se puede dividir en dos categorías básicas: los opresores malos y las víctimas inocentes. Los opresores ejercen su poder y su dominio (su hegemonía, según Gramsci) estableciendo y manteniendo una red de instituciones sociales, estructuras y sistemas a menudo furtivos que resultan en su propia ventaja (o «privilegios», según el lenguaje común) en muchas maneras. El marxismo limitó su enfoque en las estructuras y sistemas que causaban desigualdad económica entre las clases sociales.

Marxismo 1.0

Bien	Mal	
Víctimas oprimidas (Moralmente inocentes)	Causadas por sistemas y estructuras opresores	Los «privilegiados» (Moralmente culpables)
Clase trabajadora (El proletariado)	Capitalismo	Propietarios de capital y riqueza (los burgueses)

Los teóricos sociales de la Escuela de Frankfurt ampliaron el marco económico, basado en las clases, e incluyeron desigualdades en otros grupos, incluidos grupos étnicos, sexos, y grupos de identidad de género (LGBTQ+). El resultado es el mismo. Como explica

---

5. Para leer máss obre este tema, consúltese: Nicki Lisa Cole, Ph.D., "The Frankfurt School of Critical Theory: An overview of people and theory," Thought Co., January 11, 2019, https://www.thoughtco.com/frankfurt-school-3026079.

Nancy Pearcey: «Como en el marxismo clásico, la solución pro-puesta es despertar la conciencia (ser consciente de pertenecer a un grupo oprimido), y después levantarse contra el opresor».[6]

Marxismo 2.0 (marxismo cultural, o justicia social) [7]

Bien	Mal	
Víctimas oprimidas (Moralmente inocentes)	Causadas por sistemas y estructuras opresores	Los «privilegiados» (Moralmente culpables)
Clase trabajadora (El proletariado)	Capitalismo	Propietarios de capital y riqueza (los burgueses)
Raza – minorías étnicas (gente de color)	Supremacía blanca o como lo llamen en su país	Blancos
Sexo - femenino	Patriarcado	Varones
Género – LGBTQ+	Moral judeocristiana	Cristianos ortodoxos, judíos y otros tradicionalistas sexuales

Al utilizar una estrategia cultural que algunos han denominado «larga marcha por las instituciones»,[8] los teóricos sociales de la Escuela de Frankfurt y sus aliados lograron un éxito sorprendente al incorporar sus premisas en la educación pública occidental, los centros académicos, los medios de comunicación, de ocio o entre-tenimiento, la gran empresa, y la política. Actualmente, la ideología de la justicia social controla las posiciones dominantes de la cul-tura occidental, y ha hecho una importante incursión en la iglesia, incluso en la corriente evangélica tradicional.

«La historia se repite», se dice que declaró Karl Marx, «pri-mero como tragedia, y luego como farsa» He aquí un ejemplo de cómo se repite la teoría de Marx por gentileza de la feminista radi-cal Shalamith Firestone, quien ya en la década de 1970 empezó a aplicar el marco de la «teoría crítica» neo marxista de la Escuela de Frankfurt a las relaciones entre hombres y mujeres:

---

6. Pearcey, "Midterms Bring Out the Marxists."
7. Un diagrama muy similar se puede encontrar en Sensoy y Di Angelo's Is Everyone Really Equal? A Introduction to a Key Conceptin Social Justice, Education. Figure 5.1 o Adam´s Teaching for Diversity in Social Justice. Figure 3.2 o Appendix C.
8. Véase Paul Austin Murphy, "Antonio Gramsci: Take over the Institutions!" American Thinker, April 26, 2014, https://www.americanthinker.com/articles/2014/04/antonio_gramsci_take_over_the_institutions.html.

Del mismo modo que para asegurar la eliminación de las clases económicas se requiere la revuelta de la clase marginada (el proletariado) y, en una dictadura temporal, su incautación de los medios de producción, así también la eliminación de las clases sexuales exige la revuelta de la clase marginada (las mujeres) y la expropiación del control de reproducción: no solo la plena restauración de las mujeres a la propiedad de sus cuerpos, sino también (temporalmente) la confiscación del control de la fertilidad humana —la nueva biología de la población y todas las instituciones sociales que encauzan el nacimiento y crianza de niños. Y tal como el objeto de la revolución socialista no fue solo la eliminación del privilegio (económico) de clase, sino la distinción misma de clase económica, así también el objetivo de la revolución feminista debe ser, a diferencia del primer movimiento feminista, no solo la eliminación del privilegio de los varones, sino la distinción misma de sexo: las diferencias genitales entre los seres humanos ya no importan culturalmente.[9]

¿Qué es lo que explica el gran éxito del Marxismo 2.0 en la cultura occidental? Aunque el secularismo socavó gravemente el cristianismo en Europa y América, no pudo proporcionar una alternativa religiosa convincente para llenar el vacío y satisfacer la necesidad humana innata de moral y propósito. La ideología de la justicia social se entiende mejor, quizás, como una alternativa religiosa posmoderna al cristianismo. El ensayista Andrew Sullivan explica su atractivo:

> Para muchos, especialmente para los jóvenes, descubrir el sentido de la vida. . . es emocionante. La ideología de la justicia social hace las veces de todo lo que debería hacer la religión. Ofrece un relato de la totalidad: que la vida humana y la sociedad. . . se deben considerar como una función de las estructuras sociales de poder, en las que varios grupos han dedicado su existencia a oprimir a otros, y proporciona una serie de principios

9. Shulamith Firestone, "The Dialectic of Sex" (Chapter 1 reprinted from the book of the same name, The Women's Press, 1979), https://www.marxists.org/subject/women/authors/firestone-shulamith/dialectic-sex.htm.

para resistir y revertir el complejo entramado de la opresión.[10]

Muchas personas han resuelto que el nuevo propósito de su vida es luchar por la justicia social.

El poder de las cosmovisiones

Antes de desempacar más la ideología de la justicia social, resultará útil explicar brevemente lo que son las cosmovisiones y por qué tienen tanta importancia.

Una cosmovisión es «la ventana [mental] a través de la que vemos el mundo, y decidimos, a menudo inconscientemente, lo que es real e importante, o irreal e insignificante», asegura Phillip Johnson[11] en su prólogo al impactante libro de Nancy Pearcey *Verdad total*. Asimismo, Dallas Willard afirma: «Una cosmovisión. . . consiste en los supuestos generales más básicos acerca de lo que es real y bueno —así como sobre lo que somos y debemos hacer»—[12]. Estos supuestos «básicos y generales» los recibimos de la cultura que nos rodea. Los escogemos de nuestra familia, maestros, amigos, y finalmente, de la cultura más amplia, a través de películas, televisión y medios sociales.

Como seres sociales, somos profundamente moldeados por la cultura circundante. Cada uno de nosotros tiene una cosmovisión. Nadie puede «renunciar» a ella. Willard continúa explicando que la cosmovisión «queda fuera de la conciencia. . . empotrada en el cuerpo y en el entorno, en la historia, la lengua y la cultura. La cosmovisión irradia en nuestra vida como supuestos de fondo». Johnson coincide: «La cosmovisión gobierna nuestro pensamiento aunque —o especialmente, no somos conscientes de ello».

La palabra «gobernar» es importante en este contexto. Una cosmovisión no es simplemente un conjunto de ideas que flotan en la cabeza, que no influyen en el resto de la vida. Antes bien, determinan el comportamiento —cómo se comporta uno con su familia, en el puesto de trabajo, y en la comunidad general. Determinan el

---

10. Citado en Al Mohler, "Why religion, if not based in truth, is grounded in nothing more than moral aspirations," The Briefing, December 19, 2018, https://albertmohler.com/2018/12/19/briefing-12-19-18/.

11. Nancy Pearcey, *Verdad total: Libera el cristianismo de su cautiverio cultural* (Tyler, Texas: Editorial JUCUM, 2014).

12. Dallas Willard, *Knowing Christ today* (New York: Harper Collins, 2009).

tipo de sociedad que uno crea con otros. Willard afirma que «no hay nada más práctico que la cosmovisión, ya que determina la orientación de todo lo que pensamos y hacemos. . .Lo que asumimos que es real y valioso gobernará nuestros hechos y actitudes».

Debido a que las cosmovisiones consisten en supuestos de fondo, de los cuales muchas veces no somos conscientes, a veces es complicado discernir cuál es nuestra cosmovisión. No obstante, las cosmovisiones se disciernen, con el tiempo, por los hechos, las decisiones que tomamos y la forma en que vivimos. La cosmovisión se refleja más en los actos que en las palabras. Se puede considerar una cosmovisión como las raíces de un árbol frutal. Las raíces no se ven. Están ocultas bajo la superficie, pero determinan la clase de fruto que produce el árbol, y el fruto se ve. Jesús dijo: «Por sus frutos los conoceréis» (Mateo 7:15-20).

La verdad objetiva está escrita en pasajes de la Escritura, revelada en la creación, y es conocida en parte mediante el uso adecuado de la lógica y la razón. No obstante, Jesús nos advierte que también existe la mentira, que a veces es sutil y difícil de detectar. Llega a través de «falsos profetas» que vienen «con vestidos de ovejas, pero por dentro son lobos rapaces» (Mateo 7:15).

Como seguidores de Jesucristo, el apóstol Pablo nos exhorta a estar atentos contra las mentiras y falsos supuestos culturales: «Mirad que nadie os engañe por medio de filosofías y huecas sutilezas, según las tradiciones de los hombres, conforme a los rudimentos del mundo, y no según Cristo» (Colosenses 2:8). Ya no debemos conformarnos a los patrones de este mundo, sino ser transformados por la renovación de nuestra mente (Romanos 12:2). En suma, somos llamados a pensar y actuar de un modo distinto —no conforme a las normas, actitudes, y conductas que acepta nuestra cultura circundante, sino de acuerdo con la realidad que presenta la Palabra de Dios.

Este cambio de cosmovisión de supuestos falsos por otros bíblicos, verdaderos, no tiene lugar automáticamente cuando se recibe a Cristo como Salvador. Es un proceso de por vida, y no es fácil o sencillo. Es el descubrimiento deliberado de supuestos asumidos inconscientemente, que han de ser expuestos a la luz de la Escritura. Es decir, debemos resolver «llevar cautivo todo pensamiento a la obediencia de Cristo» (2 Corintios 10:5).

Es una disciplina. Tenemos que cultivar el hábito y la práctica de pensar según esta «cosmovisión». Pero contamos con una ayuda poderosa en este empeño. Dios nos provee de todo lo necesario para salir airosos. Nos llena con su Espíritu Santo, el Espíritu de Verdad que nos guía a toda verdad (Juan 16:13). Nos da su preciosa y poderosa Palabra que nos revela la verdad que nos sirve como lámpara a nuestros pies y luz para alumbrar nuestra senda (Salmo 119:105). Al honrar la Palabra de Dios, nuestra autoridad suprema, y permitirla penetrar en cada rincón de nuestra mente y hablar a cada aspecto de nuestra vida; al estudiar las Escrituras de Génesis a Apocalipsis, no como una serie de historias y enseñanzas deslavazadas, sino como un libro con una sola cosmovisión integral, nuestra mente es progresivamente transformada.

Una mente transformada conduce naturalmente a una transformación de la conducta y, finalmente, de la vida entera. Como asegura John Stott: «Si queremos vivir rectamente, tenemos que pensar rectamente. Si queremos pensar rectamente, tenemos que tener mentes renovadas»[13] No es un ejercicio académico. Es la esencia del discipulado cristiano. Es una parte fundamental del proceso continuo de santificación que dura toda la vida. Es necesario para ser «sal y luz» en el mundo (Mateo 5:13-16). No hay nada más importante para los creyentes que la integridad de vivir en conformidad con la verdad revelada de Dios.

Una cosmovisión completa

Con este breve trasfondo sobre cosmovisiones, recuperemos el examen de la ideología de la justicia social. Para comprenderla cabalmente, hay que contemplarla como lo que es: una cosmovisión completa. El apologista cristiano Neil Shenvi declara acertadamente: «Me temo que demasiada gente intenta aferrarse al cristianismo y a la teoría crítica. A la larga no funciona. Nos veremos constantemente forzados a escoger entre ellos en términos de valores, prioridades y ética.

---

13. John Stott, *Problemas que los cristianos enfrentan hoy* (Ed. Vida, 2008). (*Issues Facing Christians Today*, Fourth Edition, Grand Rapids: Zondervan, 2006).

Al absorber los supuestos de la teoría crítica, hallaremos que éstos erosionan inevitablemente las verdades bíblicas fundamentales».[14] Estoy totalmente de acuerdo.

En el próximo capítulo, ahondaremos en los supuestos básicos de la ideología de la justicia social, los contrastaremos con los de la cosmovisión bíblica, y los evaluaremos por separado.

SESIÓN 4:

Versículo bíblico para memorizar

> «*Mirad que nadie os engañe por medio de filosofías y huecas sutilezas, según las tradiciones de los hombres, conforme a los rudimentos del mundo, y no según Cristo*». Colosenses 2:8

Parte A. Lea las página 57

1. (Repase la afirmación) Si abandonamos la plomada de la trascendencia para distinguir entre el bien y el mal, la única alternativa que queda es aceptar una norma creada por el hombre que necesariamente será _____, _____ y _____ para _____ de aquellos que ejercen _____.

2. ¿Qué es la «reformulación» de la justicia, según los partidarios de la justicia social ideológica?

Parte B. Lea las páginas 58-59

3. ¿Qué seis cosas caracterizan a la ideología enormemente influyente de la justicia social?

4. En el núcleo de toda cultura subyace un «culto», que es una creencia _____ _____ _____. Un cambio de cosmovisión supone sustituir un _____, una _____ y un _____ por

14. Neil Shevni, "Social Justice, Critical Theory, and Christianity: Are They Compatible? – Part 3," https://shenviapologetics.com/social-justice-critical-theory-and-christianity-are-they-compatible-part-3-2/.

_____ otros.

5. Complete la siguiente tabla que describe los tres cambios trascendentales en las cosmovisiones occidentales, de «premoderna»
a «posmoderna».

Cosmovisión	Fechas	Realidad	Autoridad suprema
Premoderna			
Modernismo			
Posmodernismo			

6. ¿Por qué la «verdad» es ahora interna, personal y subjetiva, un
producto de la imaginación humana?

Parte C. Lea las páginas 60-61
7. ¿Por qué el fundamento de la realidad posmodernista en el individuo soberano autónomo es, en última instancia, «impracticable»?

8. ¿Qué teórico social (1818-1883) creó una nueva narrativa, una
nueva cosmovisión —de hecho, una nueva religión— para sustituir
la cosmovisión judeocristiana por un nuevo «culto» en Occidente?

9. A lo largo del siglo XX, ¿qué seis países pusieron a prueba la meta-
narrativa de Marx? ¿Cuáles fueron algunos de los resultados de esos
experimentos sociales?

Parte D. Lea las páginas 61-52
10. ¿Qué es la «Escuela de Frankfurt» y qué crearon sus teóricos?

11. La cosmovisión marxista se basa en la noción de que el mundo se puede dividir en dos categorías básicas: _____ _____ y _____ _____.

12. Complete las siguientes tablas que ayudan a explicar el marxismo 1.0 y el marxismo 2.0 (marxismo cultural o justicia social).

Marxismo 1.0

Bien	Mal
Víctimas oprimidas (Moralmente inocentes)	
Clase trabajadora (El proletariado)	

Marxismo 2.0

Bien	Mal
Víctimas oprimidas (Moralmente inocentes)	
Clase trabajadora (El proletariado)	
Raza – minorías étnicas (gente de color)	
Sexo - femenino	
Género – LGBTQ+	

Parte E. Lea las páginas 63-67

13. ¿Cómo desarrollamos el hábito y la costumbre de pensar «según una cosmovisión»?

14. Resuma la profunda preocupación del apologeta cristiano Neil Shenvi acerca de la erosión de la verdad bíblica en lo que respecta a

la justicia social ideológica.

Parte F. Repase el capítulo y Colosenses 2:8
15.¿Qué ha aprendido sobre Dios y/o la iglesia en este capítulo y en las Escrituras que ha estudiado esta semana?

Notas y reflexiones personales

5

LOS POSTULADOS PRINCIPALES
DE LA IDEOLOGÍA

Todas las cosmovisiones abrazan un conjunto de «obviedades», o principios básicos, o supuestos que enmarcan todo lo demás. Estos supuestos responden normalmente a las «grandes preguntas». ¿Qué es real en el fondo? ¿Quiénes somos? ¿Cuál es el problema fundamental de los seres humanos? ¿Qué solución hay para este problema?¿Cuál es el propósito de la vida?

La ideología de la justicia social proporciona respuestas a cada una de éstas y otras preguntas, dando forma a una cosmovisión integral. He aquí, en forma sencilla, sus supuestos básicos, contrastados con los de la cosmovisión bíblica.

	ideología de la justicia social	*cosmovisión bíblica*
¿Qué es real en el fondo?	Dios no existe La *mente humana* define lo que es real	El Dios de Génesis 1:1 define la realidad última: «En el principio creó Dios los cielos y la tierra».
¿Quiénes somos?	Seres autónomos, soberanos, cuya identidad *toda* es socialmente determinada. Somos producto de la raza, el sexo y la identidad de género.	Creación y portadores de la imagen de un Dios bueno, santo y amoroso, con dignidad intrínseca y un valor inconmensurable.
¿Cuál es el problema fundamental de los seres humanos?	La opresión: Un grupo (blanco de varones heteronormativos, o como les llamen en su país) ha establecido y mantiene estructuras de poder hegemónico para oprimir y subyugar a la mujer, la gente de color y las minorías sexuales (LGBTQ+) y otras.	Rebelión: *Todos pecaron* y están destituidos de la gloria de Dios. Nuestra rebelión contra Dios ha acarreado *ruptura de relaciones*: entre Dios y el hombre; entre el hombre y sus semejantes; y entre el hombre y la creación.
	ideología de la justicia social	*cosmovisión bíblica*

¿Qué solución hay para este problema?	Revolución: Las víctimas oprimidas y sus aliados deben unirse para desenmascarar, deconstruir, y derrocar el poder, las estructuras, los sistemas y las instituciones opresoras.	El evangelio: Dios encarnado llevó en la cruz el castigo que nosotros merecemos por nuestro pecado y rebelión para mostrarnos una misericordia que nunca podríamos merecer.La cruz y la resurrección abrieron el camino para reconciliar todas nuestras relaciones rotas.
¿Cuál es nuestra principal obligación moral?	Ser solidarios, proteger y defender a los oprimidos: mujeres, gente de color, minorías sexuales (LGBTQ+), etc.	Amar a Dios con todo el corazón, alma, mente y fuerzas (que supone vivir en obediencia a todo lo que Cristo nos ha mandado) y amar al prójimo como a nosotros mismos.
¿Cómo conocemos la verdad?	La verdad objetiva no existe, solo mi «verdad» y tu «verdad». Quienquiera que establezca una narrativa dominante define la «verdad» en la sociedad. Las nociones de verdad objetiva, razón, lógica, evidencia y argumentación son instrumentos que emplean los opresores para mantener su hegemonía.	La revelación junto con la razón, la lógica, la evidencia, y la argumentación.
¿Quién tiene autoridad suprema?	*Las víctimas son la autoridad suprema.* Denominada a veces «epistemología de la perspectiva», las reivindicaciones de las víctimas basadas en su «experiencia subjetiva» deben ser creídas sin ninguna objeción.	La autoridad suprema es Dios (y su Palabra revelada en la Escritura).
¿Habrá un futuro juicio final?	No. No hay un dios que venga a castigar a los malvados y recompensar a los justos. El mal debe ser desarraigado aquí y ahora por los que tienen poder para hacerlo.	Sí. Jesús regresará y hará perfecta justicia. Preservará lo bueno y librará al mundo de todo lo malo. Hasta entonces, Él extiende perdón y misericordia a los pecadores.

Neil Shenvi tiene razón al afirmar que son dos cosmovisiones distintas e incompatibles. El hecho de que tantos evangélicos hayan absorbido muchos de los supuestos de la ideología de la justicia social representa un gran problema para la iglesia. Shenvi distingue el conflicto entre la ideología de la justicia social y el cristianismo por lo que respecta a cuestiones epistemológicas, identificativas, morales y de autoridad. Sus principios básicos son diametralmente opuestos.

Examinemos los supuestos de estas cosmovisiones enfrentadas con más detalle.

¿Qué es real en el fondo?

La ideología de la justicia social basa la realidad, no en el Dios que anuncia la Biblia en Génesis 1:1, ni siquiera en la realidad del universo material y las leyes naturales. Para ella, la realidad se basa en la mente humana. Esta concepción posmoderna de la realidad básicamente deifica la percepción humana subjetiva.

Esta visión de la realidad última es descrita enérgicamente por el teórico social estadounidense Jeremy Rifkin:

> Ya no sentimos que somos huéspedes en casa ajena, y por tanto, obligados a adaptar nuestra conducta a un conjunto de normas cósmicas preexistentes. . . Nosotros creamos las normas. Establecemos los parámetros de la realidad. Creamos el mundo, y al hacerlo, ya no nos sentimos obligados a fuerzas exteriores. Ya no tenemos que justificar nuestra conducta, porque ahora somos arquitectos del universo. No somos responsables de nada fuera de nosotros mismos, porque somos el reino, el poder y la gloria para siempre.

Rifkin usa un lenguaje religioso para describir esta concepción posmoderna de la realidad. No hay Dios a quien tengamos que rendir cuentas. No hay leyes naturales que debamos observar. Nosotros creamos la realidad. Nosotros somos dios. James Lindsay y Mike Nayna, en su artículo «La religión posmoderna y la fe de la justicia social»,[1] describe la ideología de la justicia social como «posmodernismo aplicado».

Por el contrario, la cosmovisión bíblica basa la realidad en el Dios que creó los cielos y la tierra. No existe nada ni tiene sentido

---

1. James A. Lindsay and Mike Nayna, Areo, "Postmodern Religion and the Faith of Social Justice," December 18, 2018, https://areomagazine.com/2018/12/18/postmodern-religion-and-the-faith-of-social-justice/.

fuera de Él.

Porque en él fueron creadas todas las cosas, las que hay en los cielos y las que hay en la tierra, visibles e invisibles; sean tronos, sean dominios, sean principados, sean potestades; todo fue creado por medio de él y para él. Y él es antes de todas las cosas, y todas las cosas en él subsisten (Colosenses 1:16-17).

Estos dos puntos de partida conducen a dos cosmovisiones distintas y ciertamente irreconciliables. Lo que dijo Francis Schaeffer sobre el conflicto entre una cosmovisión bíblica y el materialismo secular en 1881 sigue vigente hoy en el conflicto entre la cosmovisión bíblica y la ideología de la justicia social:

> Estas dos cosmovisiones se posicionan en completa antítesis tanto en su contenido como en sus resultados naturales — incluidos los sociológicos y gubernamentales—, y de manera específica la ley. . . No es que estas dos cosmovisiones difieran únicamente en interpretar la naturaleza de la realidad y la existencia. Es que producen, inevitablemente, resultados completamente distintos. La palabra clave es inevitablemente. No solo producen resultados distintos, sino que es absolutamente inevitable que lo sean.[2]

¿Quiénes somos?

La cosmovisión bíblica afirma que los seres humanos son creados por un Dios santo, bueno y amoroso, y que, como varón y hembra, somos creados a «su imagen y semejanza» (Génesis 1:26-28). Como tales, todas las personas comparten una naturaleza humana común. Tienen valor y dignidad intrínsecos, así como un derecho inmutable a la vida y la libertad.

La ideología de la justicia social, por el contrario, concibe a los humanos como seres autónomos, soberanos, cuya identidad es *enteramente* determinada por un grupo de afiliaciones, particularmente basadas en la raza, el sexo y la llamada «identidad de género» (LGBTQ+). No hay «naturaleza humana compartida». Más radical aún, no hay tal cosa como «lo individual». En lugar de

---

2. Francis A. Schaeffer, *A Christian Manifesto* (Wheaton, Crossway Books, 1981), 18.

ello, la identidad es un constructo enteramente social.

En su libro *El hallazgo de la verdad*, Nancy Pearcey explica la antropología de esta justicia social: «Las ideas de cada cual son. . . meros constructos sociales unidos por fuerzas culturales. Los individuos son poco más que portavoces de comunidades basadas en la raza, clase, género, etnia e identidad sexual»[3] Jordan Peterson concuerda: la ideología de la justicia social «niega la existencia del individuo. . . , proclama que uno encarna sus intereses de grupo». Las ramificaciones de esta idea son profundas. Prácticamente, reduce al «individuo a marioneta de las fuerzas sociales. . . incapaz de levantarse en la comunidad a la que pertenece».[4]

Esto ayuda a explicar por qué para los individuos LGBTQ+ su actividad sexual no se considera una elección, o conducta, sino una identidad. No es lo que hago, *es lo que soy*. Si alguien se opone a esta idea de homosexualidad, está negando su humanidad, de manera semejante al nazi que deshumaniza a un judío o al esclavista que deshumaniza a un esclavo. No hay perdón para tal persona.

Probablemente no haya creencia de mayor alcance en la ideología de la justicia social que la negación del individuo. En función de este supuesto radical, su historia personal, sus experiencias vitales, sus elecciones y sus creencias más arraigadas *no importan*. Lo único que importa y que le define es su afiliación de grupo. La libertad individual, la responsabilidad y la rendición de cuentas son víctimas de esta creencia profundamente destructiva y deshumanizadora.

En cambio, la Biblia afirma la importancia de cada individuo. ¡Todas las vidas importan! Dios levanta individuos como Abraham, Moisés, Rut, Elías, Jesús, Pedro, Wilberforce, a usted y a mí, para cambiar el curso de la historia. Nuestras elecciones importan. Dios nos tiene por individualmente responsables de nuestras creencias y hechos (véase Mateo 25:31-46 y Hebreos 4:13). En el juicio final no tendremos excusa por haber sido miembros de algún grupo de víctimas. Jesús advirtió a algunos de sus adversarios que el identificarse como judíos no les salvaría, diciendo: «Y no penséis decir dentro de vosotros

---

3. Nancy Pearcey, *El Hallazgo de la verdad* (Tyler, Texas: Editorial JUCUM, 2017), 118.
4. The Jordan B. Peterson Podcast, July 7, 2019: "On Claiming Belief in God: Commentary and Discussion with Dennis Prager."

mismos: A Abraham tenemos por padre; porque yo os digo que Dios puede levantar hijos a Abraham aun de estas piedras» (Mateo 3:9).

Como portadores de la imagen de Dios, tenemos libre albedrío, y nuestras elecciones morales conllevan responsabilidad y contabilidad. La ideología de la justicia social niega todo esto. No es solo deshumanizadora, es atomista. La gente ya no comparte su humanidad. Ya no podemos esperar que, como hizo Martin Luther King, «los hijos de Dios» se agarren de las manos y canten unidos.

Este supuesto sobre la naturaleza humana fue expuesto en un infame vídeo de You Tube que grabó en 2015 una furiosa confrontación entre un grupo de estudiantes de la Universidad de Yale y el profesor Nicholas Christakis. En un momento del intercambio, Christakis dice a sus interlocutores: «La idea que yo tengo de nosotros como personas, como seres humanos, privilegia realmente nuestra humanidad común. . . no se interesa en lo que nos diferencia, sino en lo que nos asemeja». Entonces un joven negro le desafía y le dice: «Míreme a los ojos. Su experiencia jamás conectará con la mía»[5]

El estudiante asume que la raza define la identidad. Puesto que Christakis es blanco, su experiencia «jamás conectará con la del estudiante negro». Si eso es así, ¿es posible siquiera debatir?

Los cristianos pueden estar de acuerdo con los abogados de la justicia social en un punto: los seres humanos somos profundamente modelados por los grupos. La Biblia afirma que no solo somos individuos, sino seres sociales creados para relacionarnos (no es bueno que el hombre esté solo). Formamos parte de grupos (familias, iglesias, etnias) que conforman profundamente quienes somos. Nos culturizamos en esos grupos con lenguas, valores, hábitos e historias compartidos.

Pero rechazamos enérgicamente que la identidad humana se pueda reducir a la identidad de grupo. Los grupos a los que pertenecemos *nos moldean*. No *nos definen*. La base de la identidad humana estriba en nuestra común creación (todos somos creados a imagen y semejanza de Dios, con igual valor y dignidad) y en la puerta abierta a la redención por la gracia de Dios. Todos somos rebeldes,

---

5. See Elianna Johnson, "The Road to Yale's Free-Speech Crisis," *National Review*, July 5, 2016, https://www.nationalreview.com/2016/07/yale-free-speech/.

pero Dios ha dispuesto un camino para que todos seamos salvos. Cuando nuestra relación con Dios es restaurada mediante la fe en Cristo, recuperamos nuestra verdadera identidad que trasciende las identidades de grupo:

> Pues todos sois hijos de Dios por la fe en Cristo Jesús; porque todos los que habéis sido bautizados en Cristo, de Cristo estáis revestidos. Ya no hay judío ni griego; no hay esclavo ni libre; no hay varón ni mujer; porque todos vosotros sois uno en Cristo Jesús (Gálatas 3:26-28).

Al negar la existencia del individuo, y afirmar que la identidad es totalmente definida por los grupos a los que pertenecemos, la ideología de la justicia social rechaza la idea central que sustenta la civilización occidental. Si esta idea deshumanizadora y peligrosa lleva la voz cantante, las consecuencias culturales serán mucho más devastadoras de lo que nos podemos imaginar. La cosmovisión judeocristiana que conformó la civilización occidental es una raíz basada en la idea que compartimos de la naturaleza humana, y al mismo tiempo, la individualidad humana importa enormemente, porque cada persona es especial, creación única de Dios que lleva su santa imagen.

Esta idea bíblica creó Occidente, y nadie se puede imaginar plenamente la distopía (o anti-utopía) que resultaría si la descartamos en favor de la idea deshumanizadora de que los individuos no existen, y que las personas no son más que portavoces, drones o encarnación de los grupos que las definen. En este tenso tiempo cultural, tenemos que enfatizar lo que nos une, no lo que nos divide. Sigamos el ejemplo de Martin Luther King y Nelson Mandela, quienes lideraron movimientos de sanidad que sanaron naciones heridas. Procuraron unir a la gente en torno a nuestra humanidad común.

La ideología de la justicia social solo puede dividir porque no tiene base para la unidad. Solo nos segrega en tribus rivales, enfrentadas entre sí en una lucha interminable por el poder.

¿Cuál es el problema fundamental de los seres humanos?

Para los creyentes en la justicia social, la respuesta se puede resumir en la palabra «Opresión».

Según esta cosmovisión, el mal no se origina en el corazón del hombre. No hay doctrina de la caída o depravación humana. El mal se origina fuera del hombre, en la sociedad, y concretamente, en las estructuras sociales, sistemas, instituciones, leyes y normas culturales que perpetúan las desigualdades y conceden a un grupo poder y privilegios a costa de otros.

Acabamos de ver cómo la ideología de la justicia social define totalmente a la gente según el grupo al que pertenecen. Después, continúa aseverando que los diversos grupos se enfrentan unos a otros en una especie de competición *hobbesiana*, de suma cero, por el poder. En esta lucha, un grupo ostenta actualmente su supremacía: los varones blancos, hetero-normativos. Han conseguido este logro a lo largo de siglos estableciendo una red compleja de estructuras sociales, sistemas, instituciones, leyes y normas que les favorecen a costa de todos los demás, en especial, la «gente de color», las mujeres y las «minorías sexuales» (LGBTQ+). Estas redes entrelazadas de opresión sistémica reciben muchas etiquetas: «supremacía blanca», «masculinidad tóxica», y «patriarcado» son algunas de ellas.

Esto es lo que significa «opresión» para los verdaderos creyentes en la ideología del poder hegemónico de la justicia social. Usted es opresor simplemente por formar parte de un grupo mayoritario. Los blancos constituyen el grupo mayoritario en los Estados Unidos; por tanto, los blancos son, por definición, opresores.

He aquí cómo el influyente ensayista del *Atlantic* Ta-Nehisi Coates describe nuestro problema fundamental: «La blancura es un peligro existencial para el país y para el mundo». Citando a su héroe, el crítico James Baldwin, afirma de modo inquietante que «los blancos han arrastrado a la humanidad al borde del abandono». Según Coates, «...el poder de dominio y exclusión es crucial para la creencia de la raza blanca, y sin él, los «blancos» cesarían de existir por falta de razones»[6]

No podía ser más claro. El problema en el mundo es la opresión y el dominio ejercido por «los blancos» contra todos los demás. Las ideas de Coates no se pueden descartar como «marginales», o fuera de la

6. Ta-Nehisi Coates, "The First White President," The Atlantic, October 2017, https://www.theatlantic.com/magazine/archive/2017/10/the-first-white-president-ta-nehisi-coates/537909/.

corriente general. Él escribe para una publicación respetada y venerable. Suele ser felicitado por reconocidas figuras públicas como Barak Obama. Carlos Lozada, del *Washington Post*, ha llegado a decir que él es el más destacado intelectual estadounidense de la vida pública»[7] Pastores evangélicos, como Ken Wystma, fundador de la Conferencia de Justicia, asegura que los escritos de Coates son dignos de ser leídos».

El titán tecnológico de Silicón Valley y activista LGTBQ+ Tim Gill achaca el mal en este mundo a la ética sexual judeocristiana. Dedica su enorme riqueza a impulsar los derechos LGTBQ+ en todo el país, definiendo su cruzada de esta manera: vamos a los estados más difíciles del país. Vamos a [trabajar para aprobar leyes de orientación sexual e identidad de género] para *castigar a los malvados* (cursiva añadida)[.8]

¿Quiénes son los «opresores malvados»? Aquellos —en su mayoría conservadores religiosos— que defienden el matrimonio hombre-mujer y la familia natural.

Luego están aquellos, como el ensayista y activista feminista Philippe Leonard Fradet, que achacan el mal a la masculinidad y «el patriarcado». Él escribe:

> Todo esto se reduce al simple hecho de que la masculinidad que ha engendrado y activado el patriarcado es extremadamente tóxica. Empeora todas las cosas... para los que están sujetos a toda su negatividad, odio, subordinación y opresión.[9]

Esta división del mundo en opresores y víctimas ha dado lugar a la idea de *inter-seccionalidad*. Alan Jacobs asegura que la inter-seccionalidad tiene lugar cuando «alguien que pertenece a más de un grupo oprimido o marginado —por ejemplo de negros, mujeres o lesbianas— experimenta tal opresión o marginación de una manera especialmente

---

7. Carlos Lozada, "The Radical Chic of Ta-Nehesi Coates," The Washington Post, July 16, 2015, https://www.washingtonpost.com/news/book-party/wp/2015/07/16/the-radical-chic-of-ta-nehisi-coates/.

8. Bradford Richardson, "Gay Megadonors on Going After Christians," *Washingyon Times*, July 19, 2017.

9. Philippe Leonard Fradet, "7 Reasons Why Patriarchy is Bad (And Feminism Is Good) For Men", *Everyday Feminism Magazine*, November 14, 2016.

intensa debido a la 'intersección' de tales fuerzas sociales».[10] En suma, cuantas más casillas pueda marcar, mayor será su experiencia de opresión.

Las ideologías que trazan la raya de bueno frente a malo entre los distintos grupos no solo son erradas, son también peligrosas. Si este grupo es bueno, y ese grupo es malo, es muy fácil deshumanizar al grupo «malo». Esto es lo que sucedió en la Alemania nazi con los judíos y en los países comunistas con los «capitalistas». Sucedió en Ruanda en 1994, cuando el gobierno hutu, impulsado por una ideología de odio, cometió un genocidio matando a un millón de tutsis en solo 100 días.

Aunque ciertamente hay una gran diferencia entre la Ruanda de hace un cuarto de siglo y el occidente actual, aparentemente más pacífico, los seguidores de Jesucristo nunca deben ser cómplices de una ideología que estimula la deshumanización del prójimo, especialmente cuando la deshumanización se basa en una característica inmutable como el color de la piel.

Una ex analista de inteligencia, Stella Morabito observa:

> Despotricar contra todo un grupo de personas significa, en última instancia, rechazar a todos y cada uno de los individuos de esa categoría, independientemente de las experiencias personales o el sufrimiento humano que cualquiera de ellos haya podido soportar como individuo. . .
>
> Es una consecuencia odiosa, porque ese mismo equilibrio es el que hace posible las relaciones humanas. ¿Por qué la característica inmutable de una persona ha de cancelar su experiencia total como ser humano individual? ¿No es esa la esencia de la intolerancia y el fanatismo? ¿No es eso prejuzgar y deshumanizar a una persona?[11]

En una de sus declaraciones más controvertidas, Ta-Nehisi Coates relata a su hijo su reacción cuando vio a la policía y los bomberos de Nueva York apresurarse hacia las torres gemelas el 11 de septiembre. «Para mí no eran humanos. Negros, blancos, o lo que fueran,

10. Stephen Miller, "Intersectionality for Dummies," The Weekly Standard, January 19, 2018, https://www.weeklystandard.com/stephen-miller/intersectionality-for-dummies.

11. Stella Morabito, "The New York Times Has Embraced The Bigotry of Identity Politics," The Federalist, August 16, 2018, https://thefederalist.com/2018/08/06/the-new-york-times-embraces-bigoted-identity-politics-in-jeong-hire/.

eran amenazas de la naturaleza; eran el fuego, el cometa, la tormenta que podía —sin ninguna justificación— sacudir mi cuerpo»[12] (cursiva añadida). Aquí se ve la incapacidad de Coates para ver a la gente como individuos —como seres semejantes—. Su cosmovisión los reduce a representantes infrahumanos de grupos opresores.

A pesar de las buenas intenciones de sus adeptos —y muchos *tienen* buenas intenciones— la ideología de la justicia social destruye la sociedad civil, humanizada, la cambia por odio, división y tribalismo. A menos que despertemos a sus peligros, la justicia social nos destruirá —y lo hará en nombre de la «justicia».

Cuán distinta es esta forma de la de la cosmovisión bíblica. ¿Cuál es el problema fundamental de los seres humanos? No es la opresión sistémica de los blancos heterosexuales. La respuesta no es la «opresión», sino la «rebelión». «Todos pecaron y están destituidos de la gloria de Dios» (Romanos 3:23). Nuestro problema fundamental es que *todos* nos hallamos en estado de abierta rebelión contra nuestro Creador. El capítulo uno de la epístola a los Romanos expone el problema humano fundamental en términos inequívocos:

> Pues habiendo conocido a Dios, no le glorificaron como a Dios, ni le dieron gracias, sino que se envanecieron en sus razonamientos, y su necio corazón fue entenebrecido. Profesando ser sabios, se hicieron necios, y cambiaron la gloria del Dios incorruptible en semejanza de imagen de hombre corruptible, de aves, de cuadrúpedos y de reptiles. . .
> Y como ellos no aprobaron tener en cuenta a Dios, Dios los entregó a una mente reprobada, para hacer cosas que no convienen; estando atestados de toda injusticia, fornicación, perversidad, avaricia, maldad; llenos de envidia, homicidios, contiendas, engaños y malignidades; murmuradores, detractores, aborrecedores de Dios, injuriosos, soberbios, altivos, inventores de males, desobedientes a los padres, necios, desleales, sin afecto natural, implacables, sin misericordia (Romanos 1:18-23; 28-31).

---

12. Michiko Kakutani, "Review: In 'Between the World and Me,' Ta-Nehisi Coates Delivers a Searing Dispatch to His Son," The New York Times, July 9, 2015, https://www.nytimes.com/2015/07/10/books/review-in-between-the-world-and-me-ta-nehisi-coates-delivers-a-desperate-dispatch-to-his-son.html.

Pablo no pudo ser más claro. Nuestro problema fundamental no está «ahí afuera» en las estructuras sociales opresoras. El problema está «dentro», en corazones necios y entenebrecidos. Todos estamos implicados. El mal se origina en los corazones rebeldes de los cuales fluye toda suerte de maldad e injusticia. En palabras del inmortal Aleksander Solzhenitsyn: «La línea que separa el bien del mal no transcurre entre estados ni clases ni partidos políticos, *sino a través de cada corazón humano*» (cursiva añadida).[13]

Todos hemos pecado y nos hemos rebelado contra nuestro Creador. Cada problema que enfrentamos: relaciones interrumpidas, matrimonios y familias rotos, odio, envidia, violencia, guerra y, por supuesto, opresión sistémica, brotan de un surtidor más profundo: alienación de Dios y rebelión contra Él.

¿Qué solución hay para este problema?

La respuesta que da la ideología de la justicia social es la «revolución». Las víctimas oprimidas y sus aliados deben formar una coalición intersectorial para desenmascarar, deconstruir y, en última instancia, subvertir las estructuras opresivas de poder.

En el banquete de galardones de la Campaña por los Derechos Humanos de 2018, Anne Hathaway lo expresó audazmente en su alocución al recibir el galardón por la Igualdad Nacional. Con lágrimas en los ojos, disertó sobre el «mito de centrar la realidad en los testigos». Declaró:

> Es importante reconocer, excepto el varón cisgénero, que todo en torno a mi nacimiento me ha puesto en el centro actual de un mito pernicioso y ampliamente aceptado. Ese mito es que la homosexualidad orbita en torno a la rectitud, las personas transgénero orbitan en torno a las cisgénero y que todas las razas orbitan en torno a la raza blanca... juntos, no vamos a cuestionar este mito, *vamos a destruirlo. Destruyamos este mundo y construyamos*

---

13.   Justin Taylor, "Aleksandr Solzhenitsyn: "Bless You, Prison!" The Gospel Coalition, October 14, 2011,   https://www.thegospelcoalition.org/blogs/justin-taylor/aleksandr-solzhenitsyn-bless-you-prison/.

uno mejor (cursiva añadida).[14]

En la mayoría de los casos, los defensores de la justicia social no buscan una transformación social pacífica que comience interiormente con humildad, arrepentimiento y regeneración de corazones y mentes pecaminosos. Como Hathaway, no desean sino una revolución. Y la revolución que ellos defienden se basa en los modelos establecidos por la revolución francesa, rusa y china. Las antiguas ideas y tradiciones, comúnmente judías y cristianas de la civilización occidental tienen que ser destruidas para dar paso a las nuevas.

Por supuesto, Karl Marx fue un revolucionario comprometido. Su gran objetivo fue derribar el opresor sistema capitalista y construir su utopía comunista. La ideología de la justicia social da un paso adelante —o varios—. Trata de subvertir la supremacía blanca sistémica, el patriarcado, y la moral judeocristiana. Este celo revolucionario impulsa un bando de la presente guerra cultural. Aunque muchos abogados de la justicia social, como Hathaway, aseguran que quieren construir un mundo mejor, parecen mucho más interesados en derribar el existente.

Según Rod Dreher, la revolución de la justicia social es «muy buena para destruir lo que tenemos. . . pero apenas ofrece nada con que sustituirlo». Luego cita al teórico político Augusto Del Noce: «El totalitarismo neo-marxista. . . domina desintegrando». Los revolucionarios de la justicia social hablan constantemente de «subvertir», «desmantelar» o «deconstruir» cualquier forma de sistema institucional, económica o institución cultural que, según ellos, propaga la opresión.[15]

Las tácticas de los revolucionarios de la justicia social son normalmente ejercicios de poder puro y duro. Aunque, por supuesto, hay excepciones (especialmente entre los afiliados evangélicos), las tácticas tradicionales de la justicia social incluyen reeducación y adoctrinamiento (normalmente denominada «capacitación de

---

14. 14 Nikki Schwab, "Anne Hathaway denounces white privilege in award speech," New York Post, September 16, 2018, https://nypost.com/2018/09/16/anne-hathaway-denounces-white-privilege-in-award-speech/.

15. Nate Hochman, "The Intellectual Dark Web's Quiet Revolution," National Review, July 5, 2019, https://www.nationalreview.com/2019/07/intellectual-dark-web-quiet-revolution/.

sensibilidad»), insinuación, desprecio, amenazas, deshonra, mordaza, y escraches o turbas exaltadas.

Al haber rechazado los cimientos judeocristianos de la sociedad, los defensores de la justicia social carecen de base para tratar a sus adversarios ideológicos con respeto como portadores de la imagen de Dios. Peggy Noonan observa que hoy en Estados Unidos,

> el ambiente está henchido de acusación y humillación. Hemos visto este espíritu sobre todo en los campus, donde los estudiantes protestan áspera, a veces violentamente, contra puntos de vista que quieren suprimir. Las redes sociales están repletos de turbas políticas e ideológicas. Desviándose curiosamente de la tradición democrática, los revolucionarios de la justicia social no intentan convencer al otro bando. Solo condenan e intentan silenciar.[16]

La corrección política es, quizá, la táctica más popular de los revolucionarios de la justicia social. La abreviatura CP alude a los códigos del discurso (escritos o no) esgrimidos para silenciar puntos de vista diferentes e intimidar o humillar a los que los defienden. La corrección política, supuestamente un escudo para proteger a los oprimidos, se usa para infligir castigo a los violadores —difamación pública, deshonra, multas, pérdida del puesto de trabajo o reputación, y reeducación obligatoria (so pretexto de capacitación de sensibilidad). Todo ello antecede a leyes y políticas que prohíben puntos de vista inaceptables y a cualquiera que muestre la temeridad de abrazarlos.

La lucha por el poder en el mundo de suma cero de la justicia social no permite la tolerancia «vive y deja vivir». No hay ventajas compartidas, ni siquiera consenso. No hay lugar para el perdón o la gracia. No hay «amor al enemigo». Ni introspección que invite a «sacar antes la viga del propio ojo». Solo hay queja, condenación y retribución. Los intolerantes, aborrecedores y opresores deben ser destruidos.

Los que respetan la cosmovisión bíblica convienen con los revolucionarios de la justicia social en esto: nuestras sociedades están fracturadas y necesitan cambiar. Con toda la injusticia, sufrimiento, dolor y angustia que hay en el mundo es necesaria una transformación

---

16. Peggy Noonan, "Get Ready for the Struggle Session," The Wall Street Journal, March 7, 2019, https://www.wsj.com/articles/get-ready-for-the-struggle-session-11552003346.

cultural. Este estado de cosas no es aceptable. Es cierto que hay sistemas, estructuras e instituciones opresoras. No podemos permanecer pasivos mientras estas cosas siguen destruyendo a las personas y saqueando la espléndida creación de Dios. Como declaró uno de los profetas en un tiempo similar al nuestro: «Pero corra el juicio como las aguas, y la justicia como impetuoso arroyo» (Amós 5:24).

No obstante, las diferencias irreconciliables estriban en cómo debe producirse este cambio.

¿Qué solución ofrece la Biblia al principal problema del hombre? Que el problema de relación interrumpida con Dios y alienación fundamental de nuestro Creador es la causa de todo quebranto que hay en el mundo. Hasta que no se trate con la raíz de este problema, no será posible obtener un cambio social duradero.

La noticia sobrecogedora es que hay esperanza para obtener perdón y reconciliación con Dios. Él mismo ha tomado la iniciativa para reconciliarse con sus hijos rebeldes. La solución gloriosa para el problema humano fundamental es el evangelio:

> «Porque de tal manera amó Dios al mundo, que ha dado a su Hijo unigénito, para que todo aquel que en él cree, no se pierda, mas tenga vida eterna. Porque no envió Dios a su Hijo al mundo para condenar al mundo, sino para que el mundo sea salvo por él» (Juan 3:16-17).

En la cruz, el Dios encarnado llevó el castigo que merecíamos por nuestra rebelión pecaminosa para mostrarnos una misericordia que nunca podíamos merecer. La cruz y la resurrección abrieron el camino a la reconciliación de nuestra relación rota con Dios, así como de todas las demás relaciones rotas.

La razón principal de nuestros distintos planteamientos, como hemos visto, es que la ideología de la justicia social achaca el mal a las estructuras sociales. Nosotros, por el contrario, lo vemos en el corazón humano y las fuerzas demoniacas. Ellos consideran que el mal es social. Nosotros lo consideramos personal. Gente injusta crea, sustenta y perpetúa sistemas y estructuras injustos con fines egoístas.

En última instancia, la injusticia no es un problema social. Es un problema moral. La injusticia existe porque somos una raza caída, pecadora y egoísta. La única solución es una transformación personal en el corazón, no solo para determinado grupo calificado de «opresor», sino para todo el mundo. La transformación bíblica engloba lo interior y lo exterior, lo personal y lo social, la regeneración del corazón y la mente del hombre caído y la transformación de la sociedad.

El cambio social bíblico es un proceso de *adentro hacia afuera* que comienza con la transformación interior. La epístola 1 Juan 1:9 afirma: «Si confesamos nuestros pecados, él es fiel y justo para perdonar nuestros pecados, y limpiarnos de toda maldad». Cuando respondemos a la guía del Espíritu Santo y aceptamos el regalo del perdón en Cristo, Dios obra el milagro profetizado por el profeta Ezequiel: «Os daré corazón nuevo, y pondré espíritu nuevo dentro de vosotros; y quitaré de vuestra carne el corazón de piedra, y os daré un corazón de carne» (Ezequiel 36:26). Ahí es donde comienza el proceso genuino de transformación social.

Este acto divino de regeneración del corazón es seguido por la obra divina de la santificación que conduce a la transformación del carácter. Esta transformación interior, personal, se expande hacia afuera a las esferas sociales: matrimonio, familia, relaciones, amigos íntimos, vocación, reforma institucional y finalmente, naciones.

El cambio social genuino nunca puede descuidar la transformación de la mente y el corazón. Ciertamente, males institucionales como la esclavitud, el aborto, la corrupción, la pornografía y el tráfico sexual son reales y deben ser confrontados. Pero no hay esperanza para un cambio social duradero aparte del evangelio y la nueva vida en Cristo. Dallas Willard dijo acertadamente que la revolución de Jesús es:

> Una revolución del espíritu o corazón humano. No avanza mediante la formación de leyes e instituciones sociales... sino que es una revolución de carácter, que avanza cambiando a la gente por dentro mediante una continua relación personal con Dios en Cristo y unos con otros. Es una relación que cambia ideas, creencias, sentimientos y hábitos de elección, así como... las relaciones sociales... Desde esta profunda y divina renovación de la persona,

las estructuras sociales serán transformadas de manera natural de manera que «corra el juicio como las aguas, y la justicia como impetuoso arroyo» (Amós 5:24).[17]

Desde luego, deseamos ver sanidad en nuestras sociedades quebrantadas, empobrecidas y dolientes. Pero las soluciones propuestas por los abogados de la justicia social solo empeoran las cosas emitiendo un mal diagnóstico del problema. No es el patriarcado, o la raza «blanca», ni tampoco, ciertamente, la moral sexual bíblica. Los sistemas humanos, las estructuras, instituciones, leyes y normas opresoras e injustas son síntomas, no la enfermedad en sí. La enfermedad es el pecado. La alienación de Dios y las alienaciones resultantes que fluyen de aquella —de nosotros, de nuestros vecinos y de la propia creación—. La solución es la transformación interior del corazón y la mente, por medio del evangelio, que conduce a una transformación exterior, social.

«Nuestro medio principal para transformar el mundo es la proclamación del evangelio», dice el pastor Grover Gunn. «Nunca debemos dudar de la eficacia del mensaje del evangelio como punta de lanza de un cambio social positivo».[18] John Stott coincide: «La evangelización es el principal instrumento de cambio social. Porque el evangelio cambia a la gente, y la gente transformada puede cambiar la sociedad».[19]

La ética cristiana de la humildad, de la responsabilidad personal, el amor, y el perdón fomenta la reconciliación. La ética de la justicia social se basa en la reclamación y en el deseo de inculpar a otros por los problemas que hay en el mundo. Trae a la mente esta apreciación de C. S. Lewis: «Debemos imaginar el infierno como un estado en el que. . . cada cual tiene un agravio y todos viven con las pasiones enormemente letales de la envidia. . . y el resentimiento».[20] Esto

---

17. Dallas Willard, *Renueva tu corazón*, Ed. Clie.(Renovation of the Heart: Putting On the Character of Christ, Colorado Springs: NavPress, 2012), 15.

18. Grover Gunn, "Making Waves." Tabletalk from Ligonier Ministries and R.C. Sproul, January 2001, 13.

19. Stott, *Problemas*.

20. De: Cartas del Diablo a su sobrino, Rialp.(The Screwtape Letters), citado en "Illustrated Screwtape," http://www.cslewis.com/illustrated-screwtape/.

describe bastante bien la ideología de la justicia social. Carece de base para el amor, el perdón, o la reconciliación. Destruye las relaciones y desgarra el tejido social. Los cristianos, cuya labor consiste en amar al prójimo y bendecir a las naciones, deben reconocer y rechazar esta cosmovisión destructiva e intentar, con el poder de Dios, vivir de un «modo más excelente».

¿Cuál es nuestra principal obligación moral?

La justicia social, como el marxismo, rechaza la idea de una moral objetiva, trascendente y universal. Asegura que los seres humanos son autónomos —ley para sí mismos—. La moral en este sistema no se desvanece. Como portadores de la imagen divina, el sentido moral está profundamente incorporado en la naturaleza humana. Necesitamos un sistema moral lo mismo que necesitamos aire y agua.

Pero una moral no restringida, a espaldas de Dios, es continuamente variable y completamente arbitraria. A nivel social, las normas morales cambian a medida que los grupos acumulan poder e influencia cultural y establecen narrativas preponderantes que arrastran la opinión popular e implementan cambios en la política y los códigos legales.

Esto es exactamente lo que ha sucedido a medida que la ideología de la justicia social se ha convertido en cosmovisión predominante en Occidente. La moral no ha desaparecido. ¡En absoluto! Al contrario, en la última década, no hemos experimentado ninguna revolución moral. Las cosas que antes se entendía que eran buenas, como la libertad de expresión, la libertad de religión, el reservar el sexo hasta el matrimonio, el matrimonio como unión exclusiva, permanente, de un hombre y una mujer, e incluso el binomio varón-hembra, se consideran cada vez más malas. Son instrumentos de opresión de carácter fanático, detestable, discriminatorio.

Por ejemplo, el movimiento por los derechos de los «homosexuales». Hasta mediados del siglo XX en Estados Unidos se consideraba que la homosexualidad era inmoral de forma generalizada. Después de la crisis del SIDA, en la década de 1980, los activistas homosexuales se hicieron más visibles y ruidosos contando sus historias y apropiándose del lenguaje del amor, el compromiso, el matrimonio y los derechos civiles.[21] Una serie de personajes pro-homosexuales y argumentos en la cultura popular y medios de comunicación bajaron las defensas y combatieron también estereotipos.

El Pew Research Center observa que una minoría del 46 por ciento de estadounidenses pensaba que la homosexualidad debía ser aceptada por la sociedad en 1994. En 2017, El porcentaje que apoyaba la homosexualidad se había inflado a una súper-mayoría del 70 por ciento[22] No es de extrañar que Barak Obama, quien durante la mayor parte de su carrera política se opuso públicamente al matrimonio homosexual, en 2012 «evolucionara» popularmente, y se convirtiera en el primer presidente que lo apoyó.[23] El caso *Oberfegell* del Tribunal Supremo, en 2015, que reconoció el matrimonio homosexual consolidó estas tendencias en la ley.

En un abrir y cerrar de ojos, lo que se entendía que era inmoral es ahora moral, un bien positivo a celebrar públicamente. Lo contrario también es verdad. Si alguien defiende el antiguo orden moral rehusando celebrar la conducta LGBTQ+ basado en sus convicciones religiosas, esto le convierte en una persona *inmoral* —odiosa, intolerante, homo/transfóbica, y cada vez más expuesta a sanciones civiles—. Esto es lo que un grupo creciente de panaderos, floristas, proveedores de comida rápida y agencias de adopción, todos ellos cristianos, han experimentado. Lo que es hoy intolerable es la creencia en una norma moral objetiva enraizada en la ley de Dios.

Jayme Metzgar describe lúcidamente la nueva moral de la justicia social:

Sin la bondad de Dios como plomada para el bien y el mal, los modernos carecen de marco para juzgar los males evidentes que se manifiestan en la conducta humana. De manera que se han instalado en una norma moral simplista que reduce todo pecado a una

21.   Steve Inskeep, "Hidden Brain: America's Changing Attitudes Toward Gay People," "Morning Edition," National Public Radio, April 17, 2019, https://www.npr.org/2019/04/17/714212984/hidden-brain-americas-changing-attitudes-toward-gay-people
22.   "Homosexuality, gender and religion," Pew Research Center, October 5, 2017, https://www.people-press.org/2017/10/05/5-homosexuality-gender-and-religion/.
23.   Katy Steinmetz, "See Obama's 20-Year Evolution on LGBT Rights," TIME, April 10, 2015, http://time.com/3816952/obama-gay-lesbian-transgender-lgbt-rights/.

sola categoría: opresión.[24]

Esto es justamente así. Según la ideología de la justicia social, la principal obligación de la humanidad es combatir la opresión —especialmente la opresión sistémica propagada por varones blancos, heterosexuales, contra sus supuestas víctimas.

En cuestiones de raza, por ejemplo, tenemos la nueva obligación moral de luchar contra los «blancos» o los «privilegios de los blancos», considerados como una especie de pecado original. Los blancos necesitan ser educados, ser conscientes («despertar») de sus privilegios, de su racismo innato e inconsciente y de su supremacía blanca. Desafiar algunos de estos supuestos («justificarse condescendientemente como blanco») no es más que demostrar la «fragilidad blanca». El defenderse contra la acusación de racismo y otros pecados contra la justicia social, cuando uno es denunciado por alguien que milita en un grupo oprimido, está prohibido. Como dice secamente Rod Dreher: «Resistir la acusación de culpabilidad es evidencia de que uno es culpable».[25]

El «privilegio» en este marco moral no es algo que uno experimente como individuo. Está totalmente vinculado a la identidad de grupo. Si usted es un varón blanco, es, por definición, un privilegiado. Esto es verdad independientemente de su historia o sus circunstancias. Si usted se crio en un hogar roto, en un vecindario plagado de adicción a la droga, pobreza y violencia, sigue siendo privilegiado. Del mismo modo, si usted es una «persona de color», o mujer, o pertenece a una «minoría sexual» y se crio en una familia íntegra, con recursos y todos los beneficios que permite una buena educación, seguirá siendo víctima.

Irónicamente, la gente blanca son los mayores promotores de esta nueva moral racial. Algunos explican esto como «culpabilidad blanca» por injusticias muy reales perpetradas en el pasado contra los negros, incluido el esclavo Jim Crow. Sin duda, hay alguna

---

24. Jayme Metzgar, "Hate Hoaxes Are What Happen When Your Religion Is Identity Politics," The Federalist, February 20, 2019, https://thefederalist.com/2019/02/20/hate-hoaxes-happen-religion-identity-politics/.
25. Rod Dreher, "The Race War The Left Wants," The American Conservative, May 24, 2019, https://www.theamericanconservative.com/dreher/the-race-war-the-left-wants/.

verdad en esto, pero una mejor explicación sería que muchos blancos se están subiendo a bordo del nuevo vagón moral, para mostrar públicamente a todos que están en «el lado correcto de la historia». Han aprendido que si confiesan su racismo y sus privilegios innatos, se prueban a sí mismos que son inteligentes y moralmente superiores a las masas no despiertas. Esto explica el repugnante fenómeno farisaico de «alarde de virtud», o proclamación pública y orgullosa de lealtad al nuevo código moral de la justicia social.

Esta presión para acomodarse es inmensa, especialmente en lugares donde la cosmovisión de la justicia social es un paradigma incuestionable (campus universitarios, salas de juntas de empresas, y centros urbanos de ambas costas). Los que no se suben al vagón de la nueva moral son etiquetados de *inmorales*, ignorantes, aborrecibles y fanáticos.

En este nuevo orden moral no hay lugar para la gracia o el perdón. La nueva moral es implacablemente impuesta, no tanto por oficiales del gobierno (al menos por ahora), como por grupos privados, empresas, asociaciones, agencias de acreditación profesional, titanes de internet y redes sociales, y otros. Turbas «despiertas» merodean por internet en las redes sociales vigilando la más leve metedura de pata moral. Di algo errado, o dona a una causa equivocada, o asóciate con gente indebida, y puedes ser expulsado de las redes sociales, perder tu trabajo, o incluso tu reputación.

A diferencia del marco bíblico, en el que la deuda con Dios es plenamente satisfecha por la muerte de Cristo en la cruz (Colosenses 2:14-15), en la justicia social los opresores arrastran deudas que nunca pueden ser plenamente borradas. Cuando se les pregunta si una reparación (por valor de miles de millones de dólares transferidos de los blancos a los negros) compensaría la balanza de la justicia por la injusticia de la esclavitud, Ta-Nehisi Coates replica que «el país *nunca podrá* pagar totalmente a los afroamericanos».[26] Para Coates, no hay perdón para los blancos, solo castigo eterno.

En la nueva moral de la ideología de la justicia social, la culpa no

---

26. Ta-Nehisi Coates, We Were Eight Years in Power: An American Tragedy, quoted at https://www.goodreads.com/quotes/8853853-perhaps-after-a-serious-discussion-and-debate---the-kind.

recae sobre la humanidad en su totalidad, sino únicamente sobre un grupo de varones blancos, hetero-normativos. Puesto que las personas no son agentes morales responsables, sino víctimas o beneficiarios de sistemas opresivos, la culpa o la inocencia no dependen de las decisiones individuales, sino de la identidad de grupo. Si eres una víctima eres moralmente inocente. Si eres un opresor eres moralmente culpable, con independencia de tus actos.

Según la teoría de la inter-seccionalidad:

> El victimismo es la virtud más noble. Las víctimas y los miembros de grupos identificados como oprimidos son elevados a una especie de santoral. . . Esto es, en realidad, lo que enseña la inter-seccionalidad, completándolo con una jerarquía del victimismo para comparar la justicia relativa de cada uno.[27]

Hemos visto cómo esta idea destructiva se ha reproducido en la historia. Durante la revolución rusa, si alguno era miembro de la clase propietaria, era, por definición, culpable, convicto y enviado al *gulag* —sin tener en cuenta sus actos personales—. Aunque nunca defraudara a nadie y fuera generoso con los pobres nada de eso importaba. Lo único que importaba para determinar la culpa o la inocencia era su afiliación de grupo —en este caso de clase—. Si uno era miembro de la clase trabajadora era moralmente inocente, y recompensado con la propiedad confiscada de la burguesía moralmente culpable. Esta flagrante injusticia era perpetrada en nombre de la justicia.

El falso sistema de culpa e inocencia moral en el corazón moral de la justicia social lo hace incompatible con el evangelio. De hecho, es un evangelio falso. La Biblia enseña que todo ser humano, con independencia de su sexo, género o color de piel es un pecador que necesita el perdón de Dios (Romanos 3:23 y 6:23). Aunque las consecuencias del pecado pueden pasar de una generación a otra (Jeremías 32:18), la culpa por el pecado se adquiere individualmente (Ezequiel 18:20). Aunque Dios ama a todos los grupos étnicos (Apocalipsis 7:9), no hace acepción de personas (Hechos 10:34), y nadie obtendrá su aprobación por ser miembro de ningún

---

27. Metzgar, "Hate Hoaxes."

grupo en particular (Gálatas 3:29). La salvación es por gracia por medio de la fe (Efesios 2:8-9).

Como seguidores de Jesús, debemos reaccionar ante la moral de la justicia social del mismo modo que Pablo reaccionó ante los falsos evangelios de su tiempo: «Mas si aun nosotros, o un ángel del cielo, os anunciare otro evangelio diferente del que os hemos anunciado, sea anatema» (Gálatas 1:8).

¿Cuál es nuestra principal obligación moral conforme a la cosmovisión bíblica? Amar a Dios con todo el corazón, alma, mente, fuerzas, y amar al prójimo como a nosotros mismos (Mateo 22:37-40). Amar a Dios significa obedecer sus mandamientos (Juan 14:15), y amar al prójimo ciertamente implica preocuparse por las dificultades que sufre la gente oprimida. Esto es lo que Jesús enseñó en la parábola del Buen Samaritano. Estamos moralmente obligados a cuidar de la gente verdaderamente oprimida y victimizada. No obstante, la Biblia no define a las víctimas u oprimidos de la misma manera que la ideología de la justicia social. Los opresores no son, desde luego, exclusivamente varones blancos, ni las víctimas son exclusivamente gente de color, mujeres o miembros LGBTQ. En la Biblia, las víctimas se parecen mucho más al hombre golpeado, robado y dejado medio muerto junto al camino en la parábola del Buen Samaritano.

Desde luego, tenemos el deber moral de cuidar de la gente oprimida y victimizada, pero hemos de entender quiénes son esas gentes según la Biblia —no según los supuestos de la ideología de la justicia social—. También tenemos que tener cuidado para no considerar categóricamente a los representantes de sistemas poderosos, a menudo opresivos, como malos sin remisión. Dios muestra su amor hacia tales personas en la Escritura. Jesús buscó y perdono a Zaqueo, aborrecido recaudador de impuestos y agente traidor del cruel, poderoso y opresivo imperio romano. Entabló amistad con Nicodemo, respetado miembro de un Sanedrín que al final le condenaría a muerte. Incluso escogió a Cornelio, eficaz soldado romano, para militar entre los primeros cristianos, mandando a Pedro darle la bienvenida en la iglesia naciente y mayormente judía. Si Dios extiende su gracia a gente que forma parte de grupos opresores, nosotros debemos hacer otro tanto.

Finalmente, como seguidores de Cristo, debemos defender la idea bíblica de la moral como objetiva y arraigada en el carácter de Dios y su Palabra, que es la autoridad suprema. Cualquier forma de justicia que no se base en la ley de Dios resultará en injusticia, porque estará basada en la razón humana caída.

¿Cómo conocemos la verdad?

En su raíz, la ideología de la justicia social es atea. Como Dios no existe, la verdad objetiva no existe. Todo es relativo, ya sea para el individuo, ya sea para la «identidad grupal». No hay puntos fijos. Ni realidad públicamente fidedigna, ni verdades que trasciendan grupos o culturas. Solo hay perspectivas o interpretaciones —la verdad de tu grupo o del mío— pero no *la* verdad. Como explica Nancy Pearcey: «La verdad ha sido redefinida como constructo social, de manera que cada comunidad tiene su propia idea de la verdad, basada en su experiencia y perspectiva, que no puede ser juzgada por nadie fuera de la comunidad».[28]

Pero esto no quiere decir que las opiniones de cada grupo sean igualmente ciertas. La teoría crítica académica ha dado lugar al concepto de la epistemología del punto de vista. En pocas palabras, cuanto mayor es la experiencia de opresión intersectorial de un grupo, mayor es la percepción de la realidad de sus miembros. La epistemología del punto de vista «hace tres afirmaciones básicas: (1) el conocimiento está socialmente situado, (2) los grupos marginados tienen la ventaja de poder detectar sesgos que el grupo dominante no puede ver, y (3) el conocimiento debe basarse en las perspectivas marginadas.[29]

Para los ideólogos de la justicia social, las nociones de verdad objetiva, razón, lógica, evidencia y argumento son consideradas armas empleadas por los opresores para mantener su hegemonía. Cuando se descartan la razón y la lógica, los «sentimientos» y las emociones

28. Scott Allen, "Core Doctrines of the New Religion: Group Identity and Cultural Relativism," Darrow Miller and Friends, May 22, 2017, http://darrowmillerandfriends.com/2017/05/22/core-doctrines-new-religion/.

29. Robert Tracinski, "No, GOP's Obamacare Update Doesn't Make Rape a Pre-Existing Condition," The Federalist, May 8, 2017.

pasan a ocupar un primer plano. El diálogo y el debate para descubrir la verdad son sustituidos por afirmaciones hiperbólicas de coerción emocional. Las autodefinidas víctimas se representan a sí mismas como frágiles, perjudicadas, y ofendidas, necesitadas de «espacios seguros». Tener «sentimientos heridos» es lo único que se requiere para derrotar a los adversarios. Robert Tracinski asegura que esta apelación a las emociones está «específicamente ideada para conseguir que el análisis racional de los asuntos parezca. . . positivamente inmoral».[30] En la confrontación acaecida en la Universidad de Yale, antes comentada, Nicholas Christakis preguntó a los estudiantes: «¿Quién decide qué lenguaje resulta ofensivo? ¿Quién lo decide?». Una joven estudiante respondió: «Cuando me duele». Asunto zanjado.

Pensadores de vanguardia, como John Corvino, profesor de filosofía en la Universidad de Wayne State, están sentando las bases para que el «daño contra la dignidad» sustituya al «daño material» (heridas físicas, propiedad robada o estropeada, etc.) como norma legal para el enjuiciamiento y castigo por el Estado. Corvino define el daño contra la dignidad del siguiente modo:

> (1) Tratar a las personas como inferiores, aunque nadie reconozca el maltrato; (2) hacer sentir inferior a la gente, intencional o inconscientemente; y (3) contribuir a la desigualdad moral sistémica, intencional o inconscientemente.[31]

Sí, herir los sentimientos de alguien será punible. Actualmente, si alguien se atreve a argumentar que las diferencias entre el hombre y la mujer son esenciales y complementarias en el matrimonio y la familia, o que el matrimonio está intrínsecamente ligado a la procreación (que exige varón y hembra), o que los niños necesitan el cuidado amoroso de las madres y de los padres, pues ambos aportan puntos fuertes esenciales, aunque diferentes, a la paternidad, puede esperar ser acusado de causar a alguien daño contra la dignidad. Si

---

30.   Robert Tracinski, "No, GOP's ObamacareUpdate Doesn't Make Rape A Pre-Existing Condition," The Federalist, May 8, 2017, https://thefederalist.com/2017/05/08/no-gops-obamacare-update-doesnt-make-rape-pre-existing-condition/.
31.   Albert Mohler, "Religious Freedom and Discrimination: Why the Debate Continues," The Gospel Coalition, June 28, 2017, https://www.thegospelcoalition.org/reviews/debating-religious-liberty-and-discrimination/.

esto se convierte en norma legal, tales argumentos serán ilegales. Si usted argumenta que el binomio varón-hembra existe objetivamente y no es cuestión de elección —que no le es «asignado» un sexo en el nacimiento, sino que nace varón o hembra con diferencias biológicas, fisiológicas y psicológicas que deben ser reconocidas y respetadas—, puede ir a la cárcel.

Como explica Nancy Pearcey, «si no hay verdad objetiva o universal, entonces cualquier pretensión de verdad objetiva será considerada como un intento de alguna. . . comunidad de imponer su perspectiva limitada, subjetiva, sobre los demás. Un acto de opresión. Una asunción de poder»[32] James Lindsay está de acuerdo. Para el ideólogo de la justicia social, «lo que creemos que es 'verdad' es en gran parte función del poder social: quién lo ejerce, quién es por él oprimido, cómo afecta a los mensajes que oímos».[33] En estilo auténticamente orwelliano, la ideología de la justicia social reduce la verdad al poder. Quienquiera que tenga poder para imponer una narrativa dominante tiene el poder para definir la «verdad». Cuando se abandona la verdad objetiva, prosperan las narrativas.

Las narrativas son «historias» concebidas por el hombre que pretenden describir la realidad, pero están programadas por una agenda. Apelan a las emociones sobre la razón trazando gruesas pinceladas. Reducen realidades diferenciadas, complejas, multifacéticas, a una sencilla línea argumental de negro y blanco, bueno contra malo. Vienen surtidas con villanos y víctimas inequívocos. Las víctimas, naturalmente, son mujeres, gente de color, o miembros de la comunidad LGBTQ+. Los villanos son casi siempre varones heterosexuales blancos. El atractivo visceral de sus narrativas les concede cierto poder. La gente quiere creerles. Actúan empleando la distorsión. Aunque puedan tener cierta base, en realidad, seleccionan las pruebas justificativas, mientras suprimen o ignorar otros hechos que cuestionan su línea argumental.

Un caso especialmente notable usado para favorecer la agenda

---

32. Pearcey, *El hallazgo de la verdad*, 120.
33. James A. Lindsay and Mike Nayna, "Postmodern Religion and the Faith of Social Justice," Areo, December 18, 2018, https://areomagazine.com/2018/12/18/postmodern-religion-and-the-faith-of-social-justice/comment-page-1/

de la justicia social fue la narrativa de «arriba las manos, no disparen», del caso Michael Brown, en Ferguson, Missouri. Fue un catalizador que dio lugar al movimiento Las vidas negras importan. Puesto que Brown era negro, fue presentado como víctima de la brutalidad policial gratuita. Puesto que el oficial Darren Wilson era blanco, fue presentado como villano incluso antes que se conocieran los detalles del caso. Según esta narrativa cuidadosamente elaborada, Brown se acercó inocentemente al coche patrulla de la policía, suplicando con manos en alto «¡no disparen!». No obstante, Wilson decidió abatirlo. Nada de eso era verdad, como descubrió un gran jurado que exculpó a Wilson, y una investigación a fondo realizada por el Departamento de Justicia de Barak Obama/ Eric Holder. Pero para entonces, ya era demasiado tarde. La narrativa popular ya se había implantado y muchos la siguen hoy aceptando como «verdadera». La verdad objetiva, el testimonio ocular, la investigación, la evidencia y los veredictos legales tienen poca importancia cuando se opera desde la cosmovisión que propugna la ideología de la justicia social. Los que intentan descubrir la verdad suelen ser, de hecho, demonizados.

Es difícil exagerar cuán destructivo es todo esto. La verdad, y un sentido básico de la honestidad, es el pegamento que cohesiona las sociedades. Si se debilita este vínculo, las cosas se vienen abajo rápidamente. Al negar la verdad objetiva y devaluar la lógica, la razón, los hechos y la evidencia, la ideología de la justicia social afloja ese vínculo de manera activa y deliberada.

Sin verdad, no hay justicia. Si la verdad se desvincula de Dios y se liga inextricablemente a las narrativas de los culturalmente poderosos, no hay verdadera justicia para los que rehúsan seguir a pies juntillas la línea del partido. Lo que se denomina justicia social es realmente, con mucha frecuencia, una perversión de la justicia. En realidad, la influencia creciente de la ideología de la justicia social está debilitando uno de los pilares principales de la civilización occidental —el proceso legal, la base misma del sistema judicial en la sociedad civil.

No hay presunción de inocencia si uno pertenece al grupo

equivocado o abraza opiniones erradas. Sinceramente, en la nueva jerarquía inter-seccional de la justicia social, si usted es un varón blanco, es presunto culpable. Olvídese de una minuciosa investigación en busca de evidencia y pruebas justificativas «más allá de cualquier duda razonable» antes que se dicte una sentencia. Aunque sean manifiestamente falsas, las acusaciones obtienen el beneficio de la duda si las hace un miembro de un grupo victimizado. También desaparece el derecho de plantar cara a tu acusador, interrogar a testigos, aportar evidencia en beneficio propio y, lo más importante, ser presunto inocente hasta que se demuestre lo contrario.

La concepción occidental del proceso legal, arraigada en la cosmovisión judeocristiana, es un logro cultural que se ha fraguado a través de los siglos. A menos que se defienda del ataque de la ideología de la justicia social, puede desaparecer en una generación. La damos por sentada para perjuicio nuestro.

Por el contrario, la verdad es un pilar central de carga de la cosmovisión cristiana. El gran Fundador de nuestra fe lo dejó abundantemente claro: «Yo soy el camino, la verdad y la vida» (Juan 14:6). Jesús también dijo: «Yo para esto he nacido, y para esto he venido al mundo, para dar testimonio a la verdad. Todo aquel que es de la verdad, oye mi voz» (Juan 18:37). Dios existe y es Creador del cosmos —referencia permanente y fundamental—. Y porque Él existe, la verdad existe —absoluta, objetiva, trascendente—. Dios nos creó a su imagen para prosperar en la verdad, y ser criaturas conocedoras y anunciadoras de la verdad.

Sin este compromiso judeocristiano con la verdad objetiva, cognoscible, no habría universidades. Ni ciencia moderna, ni periodismo, ni estudio de la historia. No habría democracia liberal porque sin la verdad el gobierno se convierte en un ejercicio de poder bruto. El profesor Sinan Aral, del Instituto Tecnológico de Massachusetts está *en lo cierto*: «Alguna noción de la verdad es fundamental para un funcionamiento adecuado de casi todos los ámbitos humanos de actividad. Si permitimos que el mundo sea consumido por la falsedad estaremos provocando una catástrofe».[34]

La verdad se conoce gracias a una combinación de revelación divina apoyada en el uso debido de la capacidad que Dios concede para razonar con lógica, evidencia y argumentación. Como afirmaron los padres de la iglesia, la revelación de Dios se encierra en «dos libros» —el de la Palabra de Dios (la Biblia), y el del mundo (la creación de Dios). Podemos añadir un tercer libro, «el de la razón humana y el testimonio inscrito en la conciencia, o «ley escrita en el corazón» (Romanos 2:15). Buscamos la verdad escrutando atentamente la creación de Dios, usando los instrumentos y los métodos de la ciencia, así como estudiando esmeradamente la Palabra escrita de Dios, aplicando los principios de la buena hermenéutica y la indispensable iluminación del Espíritu Santo.

Debido a que somos seres finitos, nuestra capacidad de conocer la verdad es limitada. Somos criaturas caídas, rebeldes, y por tanto, inclinadas a la mentira y el engaño. Pero a pesar de estas limitaciones, la verdad existe, y mediante un esfuerzo diligente podemos conocerla, de manera imperfecta, incompleta, pero genuina.

Todo el edificio de la jurisprudencia occidental se basa en esta convicción. Cuando testifican los testigos en un tribunal de justicia, juran «decir la verdad, toda la verdad y nada más que la verdad». Cuando alguien es acusado de alguna infracción, se nos instruye a no prejuzgarle hasta presentar y evaluar meticulosamente los hechos y la evidencia. La civilización occidental representa a la «Dama Justicia» con un antifaz que señala la verdad conseguida con esfuerzo, e indica que la justicia debe ser imparcial y no hacer acepción de personas. Todos somos iguales ante la ley. No obstante, la ideología de la justicia social, es cualquier cosa menos ciega, y se enorgullece. La gente es tratada de distinto modo en base a los grupos a los que se asignen. Las sentencias de culpabilidad o inocencia no se basan mayormente en la conducta humana, sino en la afiliación de grupo. La narrativa prevalece sobre los hechos.

La Biblia denuncia enérgicamente tal parcialidad. «No harás injusticia en el juicio, ni favoreciendo al pobre ni complaciendo al

34. Sinan Aral, "How Lies Spread Online, The New York Times, March 8, 2018, https://www.nytimes.com/2018/03/08/opinion/sunday/truth-lies-spread-online.html.

grande; con justicia juzgarás a tu prójimo» (Levítico 19:15). Véase también Deuteronomio 10:17, Romanos 2:11, Proverbios 24:23, y Santiago 2:1-9.

La verdadera justicia trata a todas las personas por igual, con independencia del color de la piel, etnia, sexo, género o cualquier otra característica inmutable. La Biblia enseña que en un marco legal, la culpa solo es determinada por los testigos (Deuteronomio 19:15), y los testigos deben ser veraces. Dar falso testimonio es una grave violación de los Diez Mandamientos (Éxodo 20:16). La justicia bíblica está comprometida con el hallazgo de la verdad en relación con la culpa o la inocencia en base a los hechos y la conducta, no por la pertenencia a un grupo calificado de opresor.

Y no debemos olvidar que perpetuar narrativas distorsionadas como si fueran «verdaderas», no es más que otra forma de mentir. Los creadores de narrativas solo escogen los hechos que encajan en sus líneas argumentales predeterminadas e ignoran o encubren los que no encajan. Esto es mentira dolosa, deliberada, que debe ser rotundamente rechazada por los cristianos. Nosotros estamos empeñados básicamente en declarar y buscar la verdad; estamos convencidos de que la verdad existe y que toda verdad procede de Dios. De manera que nunca debemos sucumbir a la costumbre posmoderna de traficar con narrativas falsas o distorsionadas para conseguir un resultado deseado.

«Nosotros no creamos la verdad; la descubrimos, y no tenemos poder para cambiarla a nuestro gusto», dijo Charles Chaput,[35] Más bien, con imparcialidad, debemos cuestionar las narrativas culturales populares por estar comprometidos a ir en pos de los hechos y la evidencia dondequiera que conduzcan.

¿Quién tiene autoridad suprema?

Según la cosmovisión de la ideología de la justicia social, la autoridad no es conferida por la sabiduría, la edad, la posición o la experiencia, sino por la condición de víctima. El que uno sufre opresión y victimización basándose en una «experiencia subjetiva» ha de ser creído sin

---

35. Charles J. Chaput, "The Splendor of Truth in 2017," First Things, October 2017, https://www.firstthings.com/article/2017/10/the-splendor-of-truth-in-2017.

ningún tipo de duda. Cuantas más casillas inter-seccionales de victimización se puedan marcar, mayor autoridad moral se tiene. Cuanta más autoridad, mayor poder.

El fortalecimiento de las víctimas acarrea natural, maliciosamente, un auge de la demanda de la condición de víctimas. Algunos lo han denominado auténtica olimpiada de victimización. Las víctimas en potencia siempre están buscando oportunidades para reclamar agravios o perjuicios, escrutan las mínimas «micro-agresiones» para reclamar su victimización. Incluso acontecimientos que sucedieron hace siglos son esgrimidos contra los descendientes de los que los perpetraron. Un número creciente de personas, como el actor Jussie Smollett, recurren a embustes de crímenes de odio para reclamar un victimismo legítimo y asegurarse beneficios.

Jonathan Haidt, profesor de liderazgo ético en la Universidad de Nueva York, ha constatado que sus estudiantes emplean con bastante frecuencia esta táctica: «responden a la menor ofensa involuntaria, llegando incluso a falsificar ofensas».[36] Según *The Atlantic*, todo esto forma parte de un «nuevo código moral en la vida estadounidense» —la cultura de la victimización.[37]

Esta táctica funciona, en parte, porque mucha gente simpatiza debidamente con las víctimas, especialmente en una sociedad moldeada por la cosmovisión bíblica que considera virtud la compasión por las personas que sufren. Pero la ideología de la justicia social, como un parásito, se alimenta de nuestra compasión justa y necesaria por las verdaderas víctimas mientras la tergiversa en ventaja de los grupos favorecidos.

La autoridad está estrechamente relacionada con el poder, de manera que es importante comprender cómo la ideología de la justicia social entiende ambos. Como ya hemos dejado claro, en un mundo sin Dios, verdad objetiva, o moral trascendente, lo único que queda es el poder, lo que explica por qué la ideología de la justicia social está obsesionada con el poder. Todo se puede explicar por

---

36. Jonathan Haidt, "Coddle U vs. Strengthen U: What a Great University Should Be," The Righteous Mind, October 6, 2017, https://righteousmind.com/author/jonathan-haidt-2/page/3/.

37. ConorFriedersdorf, "The Rise of Victimhood Culture," The Atlantic, September 11, 2015, https://www.theatlantic.com/politics/archive/2015/09/the-rise-of-victimhood-culture/404794/.

la dinámica del poder. La búsqueda del poder se esconde detrás de toda interacción humana. Todo queda reducido a lo político.

Es creencia fundamental del marxismo y la nueva ideología de la justicia social la convicción de que el poder y la autoridad existen con un propósito único y exclusivo: implantar su hegemonía —obtener ventaja sobre los que tienen menos poder—. En la cosmovisión de la justicia social el poder es un juego de suma cero. Los poderosos son los privilegiados a costa de los desfavorecidos e indefensos. Si un grupo gana, otro debe perder. En este marco, la historia no es nada más que una saga interminable de poder y dominio, en la que cada grupo actúa por cualquier medio necesario para arrebatar el poder a los grupos que lo poseen.

En el momento actual, la ideología de la justicia social considera que el poder es ejercido *exclusivamente* por los blancos, varones heterosexuales que mantienen su hegemonía a través de una extensa gama, a menudo enmascarada, de sistemas sociales: supremacía blanca, patriarcado y nociones tradicionalmente occidentales de matrimonio, familia y sexualidad. El objetivo de la revolución de la justicia social es desmantelar las estructuras opresoras y transferir poder y autoridad a las víctimas. Éstas solo ganan cuando los opresores pierden. Así es como funciona.

Los supuestos fundamentales de la justicia social sobre la autoridad y el poder se asientan en una fuente de autoridad más profunda: la disciplina académica posmoderna de la «teoría crítica» o «investigación de agravios», que adquirieron importancia después de la Segunda Guerra Mundial con el empeño de los filósofos sociales de la escuela neo marxista de Frankfurt.[38] James Lindsay lo expresa sin rodeos: «La investigación de agravios es la Biblia y el Hadiz de la justicia social». Este es el texto sagrado, la autoridad suprema.[39] Comparemos esto con la concepción bíblica del poder y la autoridad.

La Biblia es muy clara: La autoridad suprema reside en Dios y en su Palabra revelada en la Escritura. Dios también establece

---

38. Un excelente resumen de la Teoría Crítica se puede encontrar en The Stanford Encyclopedia of Philosophy, https://plato.stanford.edu/entries/critical-theory/).
39. Lindsay and Nayna, https://areomagazine.com/2018/12/18/postmodern-religion-and-the-faith-of-social-justice/.

autoridades humanas legítimas: maridos en el matrimonio, padres en la casa, autoridad gubernamental en el Estado, y pastores y ancianos en la iglesia. Estas autoridades deben ser tratadas con deferencia y respeto, siempre y cuando se atengan a normas divinas de moralidad, porque toda autoridad dimana de Dios.

La Biblia entiende el poder y la autoridad de una manera *radicalmente* distinta a la ideología de la justicia social. El poder y la autoridad existen para mantener el orden, condición previa para la prosperidad humana, y servir a los que se someten a la autoridad para su propio beneficio. Dios, el más poderoso de todos —Rey de reyes y Señor de señores— nos sirve asombrosamente ejerciendo su poder para nuestro bien, llegando incluso al extremo de morir en la cruz para satisfacer el castigo por nuestros pecados ¡cuando aún éramos sus enemigos!

He aquí cómo describe Filipenses 2:6-11 el poder y la autoridad desde la perspectiva panorámica de la cosmovisión bíblica:

> . . . el cual [Jesús], siendo en forma de Dios, no estimó el ser igual a Dios como cosa a que aferrarse, sino que se despojó a sí mismo, tomando forma de siervo, hecho semejante a los hombres; y estando en la condición de hombre, se humilló a sí mismo, haciéndose obediente hasta la muerte, y muerte de cruz. Por lo cual Dios también le exaltó hasta lo sumo, y le dio un nombre que es sobre todo nombre, para que en el nombre de Jesús se doble toda rodilla de los que están en los cielos, y en la tierra, y debajo de la tierra; y toda lengua confiese que Jesucristo es el Señor, para gloria de Dios Padre (Filipenses 2:6-11).

En Jesús, el poder y la autoridad supremos se combinan con la humildad y el servicio sacrificial. Él lo demostró en su primer ministerio. Habló a menudo de ellos, por ejemplo, en una conocida conversación con sus discípulos registrada en Marcos 10:35-45, cuando iban de camino a Jerusalén. Él sabía lo que le esperaba: «. . . el Hijo del Hombre será entregado a los principales sacerdotes y a los escribas, y le condenarán a muerte, y le entregarán a los gentiles; y le escarnecerán, le azotarán, y escupirán en él, y le matarán; mas al tercer día resucitará» (Marcos 10:33-34).

Los discípulos son ajenos a todo esto. Su expectativa está puesta en la llegada de Jesús a Jerusalén, cuando derrotará a los aborrecibles romanos y establecerá su eficaz gobierno político. Ellos querían poder, sentarse a su diestra y siniestra (Marcos 10:37) para poder «gobernar sobre otros» y «ejercer autoridad». Podríamos afirmar que querían ser «jefes» e imponer su fuerza.

Jesús les toma aparte y les corrige. Si *realmente* desean poder y autoridad en su reino, significa que:

> «...el que quiera hacerse grande entre vosotros será vuestro servidor, y el que de vosotros quiera ser el primero, será siervo de todos. Porque el Hijo del Hombre no vino para ser servido, sino para servir, y para dar su vida en rescate por muchos» (Marcos 10:42-44).

Esta concepción bíblica revolucionaria del poder y la autoridad es completamente ajena a la ideología de la justicia social, como lo es a todas las demás cosmovisiones en nuestro mundo caído. Por más de 2.000 años, los seguidores devotos de Jesús han intentado imitar su ejemplo en sus familias, lugares de trabajo, y cargos de autoridad en la sociedad. Dondequiera que esta cultura de liderazgo servicial ha echado raíz, ha dado un fruto absolutamente revolucionario.

Aunque esta clase de servicio sacrificial también tiene lugar, gracias a Dios, en el mundo fuera de las iglesias, esta realidad nunca es reconocida o promovida por los abogados de la justicia social. No encaja ni tiene espacio en su idea negativa, del poder. No piden poder para las víctimas a fin de deshacer las injusticias y servir a otras personas. Lo procuran para que las mesas sean volcadas sobre los opresores. Jesús condenó esta forma de pensar cuando dijo: «Oísteis que fue dicho: Ojo por ojo, y diente por diente. Pero yo os digo...» (Mateo 5:38-39a).

Resumiendo: El poder y la autoridad en las Escrituras no son intrínsecamente negativos. Son realmente fuentes de mucho bien cuando se usan para servir y bendecir a los que están bajo autoridad. Solo son considerados negativamente a la luz de la pecaminosidad humana, cuando son mal utilizados para fines egoístas y destructivos.

¿Y cómo responde la Biblia a la idea de la justicia social de que la autoridad suprema reside en las víctimas? Como cristianos, podemos estar de acuerdo en que hay muchas víctimas de la injusticia y la opresión en este mundo caído que merecen justicia y compasión. Sin embargo, no estamos de acuerdo en que haya que conferir autoridad moral a gente que reivindica su condición de víctima, ni permitir que definan lo real basándose en su «experiencia subjetiva».

Tomemos el ejemplo de una viuda cuyo marido fue torturado y asesinado en un campo japonés de prisioneros de guerra en la Segunda Guerra Mundial. Todos estamos de acuerdo en que ella es una víctima. Puede albergar intenso odio contra el pueblo japonés como consecuencia del sufrimiento de su marido. Su «experiencia» le dice que los japoneses son bárbaros e inhumanos. ¿Cómo debemos responder? ¿Nos atenemos a sus sentimientos, le concedemos autoridad moral para definir la verdad acerca del pueblo japonés? Por supuesto que no. Podemos simpatizar con ella. Podemos entender lo que ha sufrido, pero no permitir que ella imponga su «realidad» a los demás.

Los cristianos nunca deben permitir que otra cosa aparte de Dios y la Biblia sea su autoridad suprema sobre la verdad. La Palabra de Dios declara que todos somos pecadores, capaces de mucha maldad —no solo los japoneses, o los judíos, o los blancos—. También afirma que todas las personas son amadas por Dios y creadas a su imagen. La Biblia, no la persona que se considera víctima, debe tener la última palabra.

Como seguidores de Cristo, también nos debe preocupar el surgimiento de la «cultura de la victimización». La ideología de la justicia social promueve una tendencia creciente a aprovechar cualquier oportunidad para sentirse ofendido y aferrarse a todo agravio, no importa cuán pequeño sea o cuánto tiempo haya pasado. Esto es terriblemente destructivo. Conduce a la amargura, el descontento y el conflicto. Cristo nos muestra un camino diferente: volver la otra mejilla (Mateo 5:39), porque, con amor genuino, «todo lo sufre, todo lo cree, todo lo espera, todo lo soporta» (1 Corintios 13:7). Hemos de perdonarnos «unos a otros si alguno tuviere queja contra otro. . . De la manera que Cristo os perdonó, así también hacedlo vosotros» (Colosenses 3:13). En vez de aferrarnos a las ofensas y reclamar la condición de víctimas, no hemos de «guardar rencor» (1 Corintios 13:5), e incluso debemos amar a nuestros enemigos (Mateo 5:44).

Hay dos caminos que conducen a dos culturas muy diferentes: el amor y el perdón, o el agravio y la victimización. ¿Qué clase de cultura desea usted crear?

¿Habrá un futuro juicio final?

El juicio final no tiene cabida en la cosmovisión de la justicia social. Lo que se estima «malo» debe ser desarraigado aquí y ahora, por hombres y mujeres falibles, usando todos los medios necesarios. Ya hemos visto a donde conduce esta idea. En la antigua Unión Soviética, los «capitalistas» fueron acorralados y enviados a gulags o condenados a morir de hambre por millones. Los jemeres rojos de Camboya concibieron campos de exterminio. La China Roja sacrificó a millones de indeseables durante su horrenda revolución cultural.

Observamos una dinámica similar en Occidente, aunque no plenamente desarrollada. El poder acumulado por la justicia social a través de la victimización es blandido por turbas virtuales en Twitter, o turbas reales, como el grupo de estudiantes que rodeó al profesor Christakis en Yale, una de las universidades más antiguas y selectas de Estados Unidos. El incidente facilita una imagen del aspecto que ofrecerá nuestra sociedad si la revolución continúa dominando la cultura, como ya ocurre en muchos campus universitarios. Nada de gracia. Nada de perdón. Nada de misericordia. Nada de respeto a los ancianos ni a los maestros. Nada de tolerancia. Solo gritería, «víctimas» ofendidas que imponen una justicia avizora sobre los miembros de los grupos opresores. No se quedará ahí. No se ha quedado ahí.

En última instancia, el marxismo y la justicia social son totalitarios, ya que una sola institución humana es considerada suficientemente poderosa como para purgar el mundo del mal y conducirlo a la utopía: un Estado todopoderoso. Las instituciones que contribuyen a crear disparidades —la familia, la iglesia, la empresa privada y cualquier otra asociación humana— deben ser expurgadas y sustituidas por un Estado que lo abarca todo. En el marxismo, el Estado reemplaza a Dios. Donde la Biblia dice: «Mi Dios, pues, suplirá todo lo que os falta conforme a sus riquezas en gloria en Cristo Jesús»

(Filipenses 4:19), la ideología marxista de la justicia social replica: «¡No! El *Estado* suplirá todas tus necesidades».[40]

Esta no es la concepción cristiana de la justicia. Solo un juez perfecto puede hacer perfecta justicia, y solo Cristo puede perfectamente cumplir con esa formidable responsabilidad. Como Juez de todos, preservará todo lo bueno y librará al mundo de todo mal.

Este es el mensaje de Jesús en la parábola del trigo y la cizaña (Mateo 13:24-30; 36-43). El trigo representa todo lo bueno que hay en el mundo, y la cizaña todo lo malo. «La cosecha» representa el juicio final cuando Dios separará la cizaña del trigo, quemará (destruirá) la cizaña, y preservará el trigo.

En la parábola, los obreros preguntan al dueño del campo si deben ir y hacer ellos mismos el trabajo. El dueño (Dios), les dice que «no» y les explica que no son capaces de llevar a cabo una labor tan delicada. Podrían arrancar parte del trigo junto con la cizaña.

La tarea de hacer justicia perfecta en la tierra es demasiado difícil para ser emprendida por seres humanos caídos, falibles. En su esfuerzo por eliminar el mal del mundo, también destruyen lo bueno. Solo un Dios perfecto, santo y justo es capaz de realizar la tarea. Solo Él puede construir el mundo mejor que todos anhelamos en nuestros mejores momentos. Él tendrá la última palabra, pero la justicia definitiva tendrá que esperar a su regreso. Hasta ese día Dios extiende la posibilidad de misericordia y perdón a los pecadores, y lo mismo hacen sus seguidores, señalándole a Él mientras practican la justicia sobre la marcha.

Solo la cosmovisión bíblica sostiene la promesa de justicia perfecta a la vez que permite una cultura caracterizada por la tolerancia, el perdón y la misericordia. Incluso frente a un gran mal, podemos perdonar, amar a nuestros enemigos, y confiar en la promesa de Dios que corregirá todo mal a su regreso.

SESIÓN 5:

Primera parte

---

40. John Stonestreet presidente de Brak Point y del Colson Center es la fuente para este párrafo.

Versículo bíblico para memorizar

> *«Pues todos sois hijos de Dios por la fe en Cristo Jesús; porque todos los que habéis sido bautizados en Cristo, de Cristo estáis revestidos. Ya no hay judío ni griego; no hay esclavo ni libre; no hay varón ni mujer; porque todos vosotros sois uno en Cristo Jesús».* Gálatas 3:26-28

Parte A. Lea las páginas 71

1. Los supuestos son un conjunto de «premisas» (o dogmas fundamentales) en cualquier cosmovisión. Tanto la cosmovisión bíblica como la justicia social ideológica tienen sus propios supuestos. ¿Le resulta útil ver estos supuestos en paralelo?

2. Eche un vistazo a las tablas de las páginas 71-72. Luego lea «¿qué es lo real en última instancia?» y «¿quiénes somos?» en las páginas …. Complete la tabla correspondiente con la información que recopile en su lectura.

	Justicia social ideológica	Cosmovisión bíblica
¿Qué es real en el fondo?		
¿Quiénes somos?		

Parte B. Lea las páginas 78-88

3. Lea: «¿Cuál es nuestro problema fundamental como seres humanos?» y «¿Cuál es la solución a nuestro problema?» en las páginas

64-75. Complete la tabla correspondiente con la información que recopile en su lectura.

	Justicia social ideológica	Cosmovisión bíblica
¿Cuál es el problema fundamental de los seres humanos?		
¿Qué solución hay para este problema?		

Parte C. Lea las páginas 88-100

4. Lea: «¿Cuál es nuestro principal deber moral?» y «¿cómo sabemos qué es verdad?» en las páginas 88-100. Complete las tablas correspondientes con la información que recopile en su lectura.

	Justicia social ideológica	Cosmovisión bíblica
¿Cuál es nuestra principal obligación moral?		
¿Cómo conocemos la verdad?		

Parte D. Lea las páginas 101-107

5. Lea:«¿Quién tiene la autoridad suprema?» y «habrá un juicio final?»en las páginas 101-107. Complete las tablas correspondientes con la información que recopile en su lectura.

	Justicia social ideológica	Cosmovisión bíblica
¿Quién tiene autoridad suprema?		
¿Habrá un futuro juicio final?		

Parte E. Repase la página 72

6. El apologeta cristiano Neil Shenvi señala que la cosmovisión ideológica de la justicia social y la cosmovisión bíblica son distintas y _____. ¿Por qué representa esto un gran problema para la iglesia actual?

Parte F. Repase el capítulo y Gálatas 3:26-28.

7. ¿Qué ha aprendido sobre Dios y/o la iglesia en este capítulo y en las Escrituras que ha estudiado esta semana?

Notas y reflexiones personales

SEGUNDA PARTE

Versículo bíblico para memorizar

«Pues todos sois hijos de Dios por la fe en Cristo Jesús; porque todos los que habéis sido bautizados en Cristo, de Cristo estáis revestidos. Ya no hay judío ni griego; no hay esclavo ni libre; no hay varón ni mujer; porque todos vosotros sois uno en Cristo Jesús». Gálatas 3:26-28

Parte A. Repase el (Textos escogidos sobre justicia social ideológica).

1. (Páginas 73-74) El posmodernismo y la justicia social ideológica esencialmente «deifican» la percepción humana subjetiva. Si creemos que somos nuestros propios dioses, ¿cuáles son algunas de las consecuencias que emanan de esa creencia?

2. (Páginas 74-75) En contraste con el concepto bíblico del individuo creado, con derechos inmutables a la vida y la libertad, la justicia social ideológica «niega la existencia del _____ [y afirma que] solo eres un avatar de tus intereses _____» (Jordan Peterson). Lo único que importa para definir quién es usted es su _____ _____, (no su _____ personal, sus _____ vitales, sus elecciones y sus _____ más arraigadas).

Parte B. Repase el capítulo (Textos escogidos sobre justicia social ideológica).

3. (Página 78) ¿Qué es el pensamiento de suma cero? (Véase https://youtu.be/2cnF3Pj66nE para un minuto de explicación, si es necesario). ¿Cómo usa la justicia social ideológica el pensamiento de suma cero para explicar las luchas de poder entre grupos?

4. (Página 83) ¿Qué tácticas utilizan los revolucionarios de la justicia social para ganar poder o «desmantelar/deconstruir» los sistemas o estructuras que pretenden derrocar?

5. (Páginas 88-89) A medida que la justicia social ideológica se ha ido convirtiendo en la cosmovisión dominante en Occidente, ¿ha «desaparecido» la moral o simplemente ha cambiado? Explique su respuesta y cómo esto le hace sentir que cree en la cosmovisión bíblica.

Parte C. Repase el capítulo (Textos escogidos sobre justicia social ideológica).

6. (Páginas 90-91) En el marco ideológico de la justicia social el «privilegio» pasa a ser algo que no se experimenta como individuo, sino que está totalmente asociado con _____ _____.

7. (Página 90-91) ¿Qué es «culpabilizara la virtud»? ¿Por qué la gente participa de esto? ¿Cómo ha sido tentado a hacer tal cosa en su propia vida?

8. (Páginas 92-93) El falso sistema de culpao inocencia en el núcleo de la moral de la justicia social (incluida la «blancura» o el «privilegio de los blancos» entre muchos otros «pecados») lo hace _____ con el evangelio. De hecho, es un _____ _____.

Parte D. Repase el capítulo (Textos escogidos sobre cosmovisión bíblica).

9. (Página 93) Nombre tres personas a quienes Jesús extendió su gracia y amor que serían consideradas «irremediablemente malvadas» según los patrones ideológicos de la justicia social. ¿Qué le dice esto acerca del deber moral de cuidar tanto al «opresor» como al «oprimido» (según la definición de la justicia social ideológica)?

10. (Página 98) ¿Qué aclaran Juan 14:6 y Juan 18:37?

11. (Páginas 98-99)¿Qué cosas no formarían parte de nuestra realidad sin el compromiso judeocristiano con la verdad objetiva y cognoscible?

Parte E. Repase el capítulo (textos escogidos).
12. (Página 99) ¿De qué tres maneras conocemos la verdad?

13. (Página 100) La verdadera justicia trata a todas las personas por igual, sin importar el color de piel, etnia, sexo, género o cualquier otra característica _____. La justicia bíblica está comprometida a descubrir la verdad sobre la culpabilidad o la inocencia basada en _____ y _____, no en _____ en un grupo llamado _____.

14. Según la cosmovisión de la justicia social ideológica, la autoridad es conferida por _____ _____ (en lugar de la sabiduría, edad, posición o experiencia). Cuantas más «casillas de víctimas inter-seccionales» se puedan marcar, mayor será la _____ _____. ¿Por qué cree que esta táctica funciona en la sociedad actual?

Parte F. Repase el capítulo y Gálatas 3:26-28.
15.¿Qué ha aprendido sobre Dios y/o la iglesia en este capítulo y en las Escrituras que ha estudiado esta semana?

Notas y reflexiones personales

6

VALORES Y CONTRAVALORES DE UNA IDEOLOGÍA

Con estos elementos básicos puestos en su sitio, podemos intuir que la justicia ya no se considera conformidad personal o social con la ley de Dios. Se trata de «desenmascarar» y subvertir sistemas opresores. ¿Y por qué son esas estructuras opresoras? Porque perpetúan desigualdades. La palabra desigualdad es uno de los valores esenciales de la ideología de la justicia social. Los supuestos fundamentales de una cosmovisión configuran los valores de la gente, así como lo que menosprecian. Éstos a su vez impulsan la conducta y sus consecuencias en el mundo real. En este capítulo, veremos dos valores de la justicia social: igualdad y diversidad, y dos contravalores: la civilización occidental y los Estados Unidos. Después veremos cómo estos valores conducen a una moral extremadamente deformada, y las consecuencias de todo ello en el mundo real.

Igualdad

La palabra «igualdad» encierra una connotación casi sagrada en la cosmovisión de la ideología de la justicia social. La igualdad es también una idea profundamente bíblica, pero la concepción de la justicia social difiere enormemente de lo que revela la Escritura. La Biblia hace referencia a la igualdad que todos los seres humanos poseen como portadores de la imagen de Dios. Todas las personas tienen la misma dignidad, valor, y derechos otorgados por Dios, aunque diferimos en los distintos dones y trayectorias. También hace referencia al hecho de que la ley de Dios obliga por igual a todos los seres humanos. No obstante, según la clásica visión del mundo marxista, igualdad significa igualdad *de resultados* —es decir, similitud, uniformidad, e intercambiabilidad—. Irónicamente, a pesar de proclamar un compromiso con la «diversidad», el efecto real de la ideología de la justicia social es homogeneizar personas diversas.

C. S. Lewis capta agudamente esta redefinición de la igualdad en las *Cartas del diablo a su sobrino*: «Que no viva ningún hombre más sabio, mejor o más famoso, o incluso más apuesto que los del montón. Córtalos a todos con el mismo patrón: esclavos, cifras y donnadies. Todos iguales».[1] Este fue el objetivo de los estados comunistas de la Unión Soviética y China, y de todos los experimentos utópicos. La gente era obligada a vestir igual, actuar igual y —lo más importante—, *pensar igual* o sufrir pena de muerte por negarse a hacerlo.

La ideología de la justicia social mezcla las disparidades (diferencias) con la injusticia. Dondequiera que haya disparidades entre grupos, la justicia social asume que la causa debe radicar en la opresión sistémica o institucional de uno u otro tipo. Por ejemplo, si el 80 por ciento de los ingenieros de software de Google son varones y el 20 por ciento, mujeres, la disparidad, *ipso facto, demuestra* el privilegio y sexismo sistémico de los varones. Debido a que la justicia exige igualdad, Google debe cambiar su política de contratación.

Pero ¿es esta disparidad *realmente* causada por el sexismo institucional? ¿O pueden hombres y mujeres tener distintas psicologías o experiencias de la vida que contribuyan a inclinarse más o menos a ser ingenieros de software? Es peligroso hacerse estas preguntas donde reina la ideología de la justicia social. No hay más que preguntar a James Damore, ex ingeniero de software de Google, quien fue despedido por este motivo.[2]

O considere el hecho de que el porcentaje de alumnos negros expulsados de las escuelas públicas de Saint Paul, Minnesota, supere al de los blancos. El supervisor, siguiendo el razonamiento de la justicia social, ha concluido que esta disparidad es una prueba incontrovertible de racismo sistémico.

---

1. Citado en "Lewis on Democracy," cslewis.com, http://www.cslewis.com/lewis-on-democracy/.
2. Timothy B. Lee, "Google fired James Damore for a controversial gender memo—now he's suing," Arstechnica, January 9, 2018, https://arstechnica.com/tech-policy/2018/01/lawsuit-goes-after-alleged-anti-conservative-bias-at-google/.

¿Pero es posible que la conducta de los alumnos negros tenga algo que ver? Por supuesto, la ideología de la justicia social prohíbe esta forma de pensar. Los malos resultados nunca se han de achacar a las elecciones o conductas personales. Esto es «culpabilizar a la víctima» —un pecado capital—. La culpa debe ser siempre atribuida a causas sociales, sistémicas e institucionales que escapan al control humano. De modo que el supervisor puso un límite arbitrario en el número de alumnos que podían ser expulsados, sin tener en cuenta su conducta. El resultado previsible fue caótico».[3]

Heather MacDonald, del Manhattan Institute, observa que aunque los afroamericanos representan menos de la cuarta parte de la población de la ciudad de Nueva York, son sometidos a la mitad de chequeos policiales a peatones, disparidad que lleva a muchos a acusar a la fuerza policial de ser una institución racista. No vayamos tan deprisa, dice MacDonald. «Comparar desigualdad de resultados con porcentajes de población es un criterio equivocado», observa. «El criterio correcto es el delito, no los porcentajes de población. La actividad de la policía está motivada por el delito».[4]

Ella continúa diciendo:

> Somos muy reacios a atribuir autoría a los negros, o a cualquier otro grupo de víctimas. . . los problemas son estructurales, no el racismo, el privilegio racial, la supremacía blanca, etc. Esta actitud infantiliza a los negros. Afirma básicamente: «No pueden hacer nada por ustedes mismos».[5]

Esta demanda de igualdad aparece casi por todas partes. Normas y ordenanzas cívicas que excluyen a los transexuales del uso de aseos y taquillas o casilleros de su elección son tachadas de injustas porque tratan a las personas de distinta manera. Las leyes y disposiciones que excluyen a los gais y lesbianas de la institución del matrimonio deben

---

3. Katherine Kersten, "Federal Racial Discipline Quotas Create Chaos In St. Paul Schools," The Federalist, July 29, 2016, http://thefederalist.com/2016/07/29/federal-racial-discipline-quotas-create-chaos-in-st-paul-schools/.
4. "The Diversity Delusion (Heather Mac Donald Interview)," The Rubin Report, January 23, 2019, https://omny.fm/shows/the-rubin-report/the-diversity-delusion-heather-mac-donald-intervie.
5. "The Divay 22, 2017ersity Delusion."

ser descartadas porque las parejas del «mismo sexo» han de ser tratadas igual que las parejas de «distinto sexo».

No es de extrañar que el signo matemático, =, fuera el icono del matrimonio del mismo sexo. Argumentar que los hombres y las mujeres son distintos y que aportan bienes distintos y esenciales al matrimonio, la procreación y la crianza de los hijos, viola la exigencia de igualdad. Tales argumentos son violentamente desechados como políticamente incorrectos, intolerantes y homófobos.

Según la ideología de la justicia social, todo lo que lleve a resultados distintos es sospechoso. Según John Stonestreet, presidente del *Colson Center for Christian Worldview* (institución dedicada a promover la cosmovisión cristiana):

> Hace mucho que los científicos sociales saben que las familias unidas con padre y madre proporcionan una enorme ventaja a los niños. La evidencia demuestra que es más probable que estos niños asistan a la universidad, menos probable que sufran o perpetúen abusos, menos probable que consuman drogas o delincan y más probable que transmitan estas ventajas a sus propios hijos.[6]

Pero si la justicia social exige igualdad de resultados, las familias unidas son injustas. La justicia requiere igualdad. ¿Solución? Según el profesor Adam Swift, de la Universidad de Warwick y Harry Brighouse, de la Universidad de Wisconsin Madison: «Si la familia es la causa de injusticia [desigualdad] en la sociedad, entonces parece plausible pensar que si se aboliera la familia se crearían condiciones más equitativas».[7] Esta falta de lógica es el pulso que late en la ideología de la justicia social.

Diversidad

Junto con la igualdad, el otro valor supremo de la ideología de la justicia social es la «diversidad». La secuencia «equidad, diversidad e inclusión» se ha convertido en una especie de mantra de este movimiento. Innumerables, escuelas, organizaciones e instituciones defienden vigorosamente su compromiso fundamental con la equidad, la diversidad y la inclusión. He aquí un ejemplo de la Price

---

6. John Stonestreet, "Families Are Unfair?" BreakPoint, The Colson Center for Christian Worldview, May 20, 2015, http://www.breakpoint.org/2015/08/families-are-unfair-2/.
7. Stonestreet, "Families Are Unfair?"

School de Políticas Públicas, de la Universidad del Sur de California (USC), aunque gran cantidad de instituciones u organizaciones usan idéntico lenguaje. Este lenguaje se ha generalizado.

> La iniciativa sobre diversidad, justicia social e inclusión de la Price School (USC), subraya nuestros valores fundamentales de respeto a las diferencias y tolerancia a todos los pueblos, culturas, identidades y perspectivas.
> . . . La iniciativa aumenta las muchas actividades actuales de la Price USC que involucran a los estudiantes para promocionar la justicia social y celebrar la riqueza que la diversidad añade a nuestra comunidad académica. . . Esfuerzos centrados en [contratar] profesores y empleados con un enfoque inclusivo que va mucho más allá de la publicidad tradicional.

Evidentemente, la «diversidad» es un principio fundamental de la ideología de la justicia social. La Biblia también afirma la diversidad. Pero como ocurre con la justicia y la igualdad, el valor bíblico de la diversidad es muy distinto de lo que propugna la ideología de la justicia social.

Diversidad significa simplemente diferencia o variedad. La Biblia presenta la diversidad como cosa maravillosa —pero no solo nivelada por la unidad—. Dios creó un mundo de tremenda diversidad. No hay una clase de flor, árbol, insecto, o persona, sino una gran diversidad de cada uno de ellos. De los millones de personas que han caminado por la tierra, no hay ninguna igual. Sin duda, Dios ama la diversidad. También la unidad. Todas las personas comparten una unidad profunda como portadores de la imagen de Dios. En este sentido más profundo, todos somos iguales. Tenemos unidad, *pero no uniformidad*. Nuestras diferencias como varón-hembra, con distintas biografías, trasfondos, familias, etnias, idiomas, personalidades y dones deberían ser apreciadas y celebradas. Los padres fundadores de los Estados Unidos reflexionaron en este equilibrio vital entre la unidad y la diversidad al escoger el lema de la nación: *E pluribus unum* (de muchos, uno, en latín). La fuerza de los Estados Unidos radica en su unidad (una nación, una cultura común) y su diversidad (muchas etnias y procedencias).

La diversidad sin unidad no es robustez. Conduce al caos y el conflicto. La unidad sin diversidad es también negativa. Conduce a una conformidad asfixiante, totalitaria. El florecimiento humano requiere ambas, por eso la Biblia afirma las dos. La naturaleza trinitaria de Dios afirma ambas. Dios es uno, en tres «personas» distintas —Padre, Hijo y Espíritu Santo.

La ideología de la justicia social realmente valora la uniformidad, paradójicamente, en nombre de la diversidad. No hay equilibrio entre la unidad y la diversidad en esta cosmovisión. La afirmación y el valor de la «diversidad» están, en realidad, estrictamente restringidos a unas pocas categorías selectas. Más allá, se ejerce una presión sofocante para forzar la conformidad. La diversidad que se afirma es la diferencia de *grupo*, no la diferencia *individual*, e incluso entre los grupos, no todas las diferencias son igualmente celebradas —o siquiera toleradas.

Como ya hemos establecido, la ideología de la justicia social no da cabida a los seres humanos como individuos. Reduce a las personas a representantes o portavoces de los grupos a los que pertenecen. Se espera de ellos que piensen como el resto del grupo. Si usted es negro, se espera de usted que piense, hable y actúe como una persona «negra», y lo mismo por lo que respecta a las mujeres, personas LGBTQ+ y todos los demás. No hay espacio para celebrar las diferentes creencias individuales dentro del grupo. La representante Ayanna Pressley, congresista estadounidense por Michigan, expresa esta premisa en comentarios que hizo en la convención política progresista *Netroots Nation* 2019:

> No necesitamos más rostros marrones que no quieran ser voces marrones. No necesitamos rostros negros que no quieran ser voces negras. No necesitamos musulmanes que no quieran ser voces musulmanas. No necesitamos homosexuales que no quieran ser voces homosexuales».[8]

Su punto estaba claro. Si uno es marrón, negro, musulmán u «homosexual» y no piensa ni habla como su grupo, no es necesario.

---

8. Rebecca Klar, "Pressley: Democrats don't need 'any more black faces that don't want to be a black voice,'" The Hill, July 14, 2019, https://thehill.com/homenews/house/453007-pressley-democrats-need-any-more-black-voices-that-dont-want-to-be-a-black.

¡Confórmese al grupo o váyase! Según la cosmovisión de Pressley no hay lugar para pensar y actuar como individuos. Esto suscita la pregunta: ¿Cómo se determina la «voz» o «visión de grupo»? Al parecer, por la adhesión a la ortodoxia de la justicia social. Los que no defienden las doctrinas fundamentales de la ideología de la justicia social son denunciados como traidores a sus grupos. ¿Es esto celebración de la diversidad? No, es conformidad opresiva.

Los campeones de la justicia social declaran su «respeto a las diferencias y tolerancia a todas las personas, culturas, identidades y perspectivas», pero esto es engañoso. No aprecian la diversidad de «todas las personas». Por ejemplo, proclamar que «todas las vidas importan» es hacer uso de un lenguaje racista, políticamente incorrecto. Solo se celebran algunos grupos y el grado de «celebración» depende del nivel de victimismo interseccional. Cuanto mayor sea el victimismo, mayor será el respeto, más invitaciones a la «inclusión», en todo: normas de admisión a la universidad, prácticas de contratación y órganos rectores. Carl Salzman, profesor emérito de antropología en la Universidad McGill lo expresa sin paliativos:

> «Actualmente, la gente es admitida en la universidades, facultades de derecho, de medicina, escuelas de ingeniería, contratada como profesores o administradores, nombrados miembros del parlamento, nombrados ministros del gobierno, por su clasificación de víctimas en el censo, no por su aptitud».[9]

En el extremo opuesto del espectro, el grupo interseccional más opresor —los varones heterosexuales blancos—, por supuesto, *no* se celebra. La «inclusión» no le es aplicable. Más bien se espera de los varones homosexuales blancos que se excluyan a sí mismos o sean excluidos por otros.

Por ejemplo, las organizaciones activistas LGBTQ+ apuntan cada vez más a la exclusión de los cristianos bíblicos por sus creencias. Consideremos el caso del panadero cristiano Jack Philips. Fue acosado

---

9. Philip Carl Salzman, "How 'Social Justice' Undermines True Diversity," Minding the Campus, March 25, 2019, https://www.mindingthecampus.org/2019/03/25/howsocial-justice-undermines-true-diversity/.

y multado repetidamente por el Estado de Colorado, que trató de cerrar su negocio por rehusar respetuosamente preparar una tarta diseñada por encargo para una boda homosexual. Para los activistas de la justicia social, ciertamente no hay celebración de la diversidad, ni «inclusión», ni «respeto a las diferencias», ni «tolerancia a todas las personas y sus perspectivas» cuando se trata de Philips y de gente como él.

Un ejemplo inquietante de la creciente intolerancia atizada por la justicia social: los cristianos (y cualquier creyente ortodoxo, tanto judío como musulmán) son presionados para que renuncien a sus creencias como condición previa para mantener buena reputación en su profesión —o conseguir un puesto—. Pongamos por caso el grupo activista conocido como Asociación Médica de Gais y Lesbianas. Desarrolló un «compromiso de asistencia sanitaria» y lo impulsó agresivamente a las organizaciones médicas de los Estados Unidos. Los que no acepten el compromiso se arriesgan a ser acusados de homófobos e intolerantes. El compromiso está concebido para ser rellenado por todos los profesionales de salud de la organización. E incluye varias «afirmaciones» con espacios anexos para que los empleados indiquen que están de acuerdo. Una de ellas es: «Creo que las identidades lesbiana, gay, bisexual y transexual pertenecen al espectro de la experiencia humana normal y no son en sí mismas patológicas, antinaturales o pecaminosas».

Como observa Rod Dreher: «Lo que estos activistas pretenden es hacer que resulte imposible que cualquier médico —cristiano, judío, musulmán o de otra religión— que siente cualquier tipo de escrúpulo o reparo moral hacia todo lo que sea LGBT, no sea expulsado de la profesión».[10] Esto es hacer presión para excluir. Lo mismo sucede con otras profesiones.

Mucho hablar de celebración de la igualdad, la diversidad y la inclusión,pero esto es presionar para encasillar en la nueva ortodoxia. Es hacer pasar hipócritamente intolerancia por tolerancia. Es uniformidad disfrazada de «diversidad».

---

10. Rod Dreher, "No Traditional Christian Doctors Need Apply," The American Conservative, July 23, 2019, https://www.theamericanconservative.com/dreher/no-traditional-christian-doctors-need-apply/.

¿Qué acerca de los pobres?

Tal vez usted se pregunte: «Pero ¿qué acerca de los pobres? Yo creía que la justicia social se preocupaba de los pobres». Bien, por buena parte del siglo XX ese fue el caso. Abogar por la clase obrera «pobre» contra sus opresores ricos, capitalistas, colonialistas, fue la principal característica de la teoría económica original de Marx, centrada totalmente en la división de clases.

La teoría original de Marx (marxismo 1.0) se basa en una serie de presuposiciones relacionadas con la pobreza y la riqueza que reflejan los supuestos de la ideología de la justicia social.

- Una idea de los recursos de suma cero. La «riqueza» es una entidad material que existe fuera del hombre, en bancos, bienes inmobiliarios y cuentas de inversión. Si algunos tienen más, otros, necesariamente, han de tener menos.
- El origen de la pobreza está en la sociedad, en disposiciones y sistemas sociales injustos, como el capitalismo y el colonialismo. No se origina en los corazones humanos caídos ni en sistemas de creencias falsas y destructivas.
- Los pobres son las víctimas desvalidas. No son responsables de su situación. Son incapaces de mejorar sus circunstancias, a no ser que otros, más poderosos, actúen en su favor.
- Corresponde al Estado administrar y redistribuir la riqueza y el poder por igual entre sus ciudadanos para conseguir una sociedad justa.

Marx tenía una fe inquebrantable en estos supuestos. Creyó firmemente en la inevitabilidad de una revolución comunista global de los pobres, víctimas pertenecientes a la clase obrera que se sublevaban contra sus opresores capitalistas. Como eso no dio resultado, una nueva generación de teóricos marxistas restaron importancia a la división de clase/riqueza y enfatizaron otras divisiones culturales: entre razas, sexo y orientación sexual. Esta versión —marxismo 2.0— está en alza. Toda la energía del movimiento se centra en subvertir los sistemas y estructuras que favorecen y empoderan a los varones homosexuales blancos. Desde luego, que la preocupación por los pobres no ha desaparecido completamente en el marxismo

2.0, pero interesa mucho menos que durante el apogeo del marxismo 1.0.

En el marxismo 1.0, el enemigo era el capitalismo. Hoy es muy distinto, los capitalistas ricos son con frecuencia algunos de los mayores abogados y defensores de la ideología de la justicia social. Ésta obtiene la mayor parte de su energía y apoyo de las élites culturales occidentales de la política, el mundo académico, gran empresa y medios de comunicación. Algunos de los patrocinadores más fervientes de la ideología de la justicia social —personas como George Soros y Tim Gill— figuran entre los individuos más ricos del mundo. La ideología de la justicia social parece haber firmado una especie de paz con el capitalismo.

Aunque la preocupación por los pobres es un asunto menos importante para los creyentes en la ideología de la justicia social, los cristianos deberían mantenerse firmes, independientemente de las tendencias de la cultura popular. En la ortodoxia cristiana es fundamental interesarse por los pobres y necesitados. Proverbios 19:17 proclama: «A Jehová presta el que da al pobre, y el bien que ha hecho, se lo volverá a pagar». Mientras que 1 Juan 3:17 advierte: «Pero el que tiene bienes de este mundo y ve a su hermano tener necesidad, y cierra contra él su corazón, ¿cómo mora el amor de Dios en él?». Dios desea obviamente que nos preocupemos de nuestros semejantes pobres (portadores de su imagen).

Pero nuestra preocupación y acción en favor de los pobres se deben basar en las verdades bíblicas acerca de la naturaleza de la riqueza y los recursos, y acerca de la naturaleza humana: a saber, la riqueza no es fundamentalmente material, sino espiritual, y los pobres no son una clase de víctimas indefensas, sino personas creadas a imagen de Dios, con creatividad, libertad, dignidad y responsabilidad.

- La pobreza suele surgir a raíz de creencias falsas y destructivas. La verdad bíblica tiene poder para transformar culturas de pobreza.
- La riqueza y los recursos no constituyen una «suma cero». No son fijos y limitados, sino que pueden y deben aumentar con el tiempo. ¿Por qué? El recurso fundamental no es el oro, la propiedad o la inversión. En absoluto es material. Es la mente humana.

Hemos sido creados a imagen de un Dios que crea, y nosotros también creamos (recursos, riqueza, ideas, etc.).

- Incluso las personas más pobres cuentan con muchos recursos que a menudo no son apreciados pero pueden ser transformadores. Un proverbio keniano tradicional reza así: «Se pueden contar el número de semillas en un mango pero no el número de mangos en una semilla». Hay que enseñar a la gente a ver y apreciar los recursos que tienen y su inmenso potencial creativo.[11]
- La Biblia afirma que nuestra tarea principal como seres humanos consiste en administrar la creación[12] —reconocer y administrar adecuadamente todo lo que Dios nos ha concedido, de tal manera que bendiga a nuestras familias, vecinos y naciones.[13]

Desde luego, los pobres pueden ser víctimas. Pueden ser víctimas de desastres naturales, guerras, violencia, poderes opresores, o enfermedad, y muchos se encuentran en penosas circunstancias cada día en un mundo desfigurado por el pecado. Pero nuestra perspectiva de los pobres (y la perspectiva que ellos tienen de sí mismos) no debe quedar reducida a la de «víctimas». Esta palabra puede explicar sus *circunstancias*, pero nunca su *identidad*.

La última relega a los pobres al más absoluto desamparo y dependencia de los demás. Ignora los principales rasgos que caracterizan a la humanidad: libertad, actuación, responsabilidad y rendición de cuentas. En distintos momentos y circunstancias podemos tener más o menos libertad, pero incluso en una celda de cárcel, no estamos completamente desprotegidos. Aun podemos elegir lo que pensamos, cómo tratamos a otros y otras cosas. No se nos puede deshumanizar completamente. Dios puede ayudarnos incluso en las peores circunstancias.

Por ejemplo, Silas Burgess, fue transportado con grilletes en un barco de esclavos hasta Charleston, Carolina del Sur. Habiéndose quedado huérfano a los 8 años, Silas se escapó más tarde a Texas

---

11. Véase Scott D. Allen and Darrow L. Miller, The Forest in the Seed: A Biblical Perspective on Resources and Development (Phoenix: Disciple Nations Alliance, 2006), http://www.disciplenations.org/media/Forest-in-the-Seed.pdf.

12. Véase Génesis 1:28.

13. Para inquirir más en las verdades bíblicas que deben perfilar el enfoque de la lucha contra la pobreza, consúltese el libro de Darrow Miller Discipulando naciones: El poder de la verdad para transformar culturas, Tercera edición (Tyler, Texas: Editorial JUCUM, 2018).

con otros esclavos en un tren clandestino. Con el tiempo fue dueño de una granja de casi 200 hectáreas y fundó la primera iglesia negra y la primera escuela negra elemental en su ciudad.

El tataranieto de Silas, Burgess Owens, antes jugador de fútbol americano y ahora «emprendedor, ha experimentado el sueño americano: recibió una educación esmerada, levantó empresas, crio una familia notable y, a diferencia de la mayoría de estadounidenses blancos, ganó un Ring Super Bowl».[14] Es cualquier cosa menos una víctima, a pesar de sus antecedentes familiares.

La cosmovisión bíblica también afirma que la tarea principal del gobierno es hacer cumplir el Estado de derecho y contener el mal humano castigando a los infractores y estimulando la virtud.[15] No nivelar la riqueza. Si se hace esto se violan necesariamente los derechos y libertades que Dios ha concedido al individuo, especialmente el derecho a la propiedad, establecido en los Diez Mandamientos.[16] Para igualar la riqueza, el Estado tendría que tomar (o robar) de algunos para poder dar a otros, o asumir que toda la riqueza, en última instancia, pertenece al Estado.

De todas formas, la prosperidad humana no surge de la igualdad de ingresos. Codiciar riqueza y circunstancias es una violación de los Diez Mandamientos y conduce a gran infelicidad. La *Enciclopedia Judía* dice: «Sin duda, es cierto que la codicia es causa del descontento e infelicidad del individuo».[17] La verdadera felicidad está en responsabilizarme de mi vida y proveer para cubrir las necesidades de otros. Esta actitud afirma mi naturaleza y dignidad humana y conduce a una profunda satisfacción.

La ideología de la justicia social y el cristianismo bíblico, por ser dos cosmovisiones distintas e irreconciliables, presentan dos formas distintas de «ver» la pobreza y los pobres. Estos dos conjuntos de supuestos conducen a dos enfoques distintos para trabajar con

---

14. Burgess Owens, "I Didn't Earn Slavery Reparations, and I Don't Want Them," The Wall Street Journal, May 24, 2019, https://www.wsj.com/articles/i-didnt-earn-slavery-reparations-and-i-dont-want-them-11558732429.

15. Romanos 13:1-7.

16. Éxodo 20:1-17.

17. Kaufmann Kohler and William Rosenau, "Covetousness," Jewish Encyclopedia, 1906, http://www.jewishencyclopedia.com/articles/4715-covetousness.

los pobres, y dos resultados distintos. Trágicamente, en el nombre de la justicia social, muchos seguidores de Cristo afirman erróneamente el primer conjunto de supuestos no bíblicos cuando deberían defender el segundo. Hay muchas cosas que podemos y debemos hacer para ayudar a los pobres. Pero nuestra actuación debe basarse en las verdades bíblicas acerca de la naturaleza de los seres humanos, la riqueza y los recursos.[18]

Basar nuestra actuación en los supuestos marxistas falsos que encuadran buena parte del debate de la justicia social sobre la pobreza no hará más que perjudicar a los que trata de ayudar. Aparte de nuestros motivos, tratar a los pobres como víctimas incapaces y eximirles de sus hechos y su responsabilidad personal —es decir, tratarles como ganado— es una de las cosas más destructivas y deshumanizadoras que podemos hacer.

La civilización occidental y los Estados Unidos

La compleja red de opresión y dominio estructural de los varones blancos heterosexuales, contra la que personas como Ta-Nehisi Coates (y muchos otros) se oponen, se entretejió, aseguran los partidarios de la justicia social, a lo largo de muchas generaciones. Cómo llegamos al presente estado lamentable es fundamentalmente narrado por la historia de la civilización occidental, cuyas características definitorias son: esclavitud, colonización, codicia, explotación, superioridad racial, imperialismo y genocidio.

Para los millones de personas a quienes se les ha enseñado esta narrativa neo-marxista de la historia occidental a partir de la década de 1960, «Occidente» no es más que un mito del poder blanco, absorbido por los supremacistas blancos».[19] Representando a muchos, un estudiante activista de la Universidad Claremont Pomona denuncia que la civilización occidental ha dado origen a «sistemas de dominio entrelazados que producen condiciones funestas bajo las que las

---

18. Para leer más sobre este tema, recomiendo un libro previo que escribí con mis colegas Darrow Miller y Gary Brumbelow: Reformulación de la justicia social, Redención de la compasión bíblica (Tyler, Texas, Editorial JUCUM: 2015).

19. Ben Shapiro, "How the West Changed the World for the Better," National Review, March 19, 2019, https://www.nationalreview.com/2019/03/western-civilization-revelation-reason-worth-defending/.

gentes oprimidas se ven obligadas a vivir».[20] Estos sistemas prepa-
ran una infusión tóxica de capitalismo, «raza blanca», matrimonio
tradicional («patriarcado»), binomio varón-hembra, y moral sexual
judeocristiana. Todos ellos son opresivos. Todos tienen que ser arrojados en el vertedero de la historia.

El aborrecimiento de la civilización occidental arrastra también a
Estados Unidos. Según el influyente historiador Howard Zinn, autor
de *The People's History of the United States* (La historia de los pueblos
de Estados Unidos), la revolución estadounidense no fue más que un
esfuerzo de los ricos blancos para proteger sus privilegios.

> La posición de inferioridad de los negros, la exclusión de los
> indios de la nueva sociedad, el establecimiento de la suprema-
> cía de los ricos y poderosos en la nueva nación, todo esto fue
> decidido en las colonias cuando tuvo lugar la revolución. Una
> vez excluidos los ingleses, podía ponerse por escrito, consoli-
> darse, regularizarse, legitimarse, mediante la constitución de los
> Estados Unidos, redactarse en una convención de líderes revolu-
> cionarios en Filadelfia.[21]

Hablando de Estados Unidos, Coates replica con su afirmación
que Estados Unidos es fundamental e irremediablemente racista:
«La supremacía blanca no es solo obra de demagogos fanáticos, o
cuestión de falsa conciencia, sino una fuerza tan fundamental para
los Estados Unidos que es difícil imaginarse el país sin ella». Para
los muchos que piensan como Coates, Estados Unidos es un país
terrible, nada bueno, muy malo, racista, que habría que aborrecer,
demoler y rehacer».[22]

Este aborrecimiento a Estados Unidos está detrás de dos
tendencias recientes: la de los atletas que no permanecen de pie
cuando suena el himno nacional y rehúsan honrar la bandera de su
país, y la profanación y derribe de estatuas, murales y retratos que

---

20. Christina Hoff Sommers, "The threat to free speech," American Enterprise Institute, January 22,
2017, http://www.aei.org/publication/christina-hoff-sommers-the-threat-to-free-speech/.
21. Howard Zinn, A People's History of the United States, quoted in History Is a Weapon, https://
www.historyisaweapon.com/defcon1/zinnkin5.html.
22. John Hirschauer, "Erica Thomas, Mythmaker," National Review, July 26, 2019, https://www.
nationalreview.com/2019/07/erica-thomas-mythmaker/.

conmemoran famosas figuras históricas, como George Washington, Winston Churchill y Robert E. Lee. Para los ideólogos de la justicia social, estos iconos de la civilización occidental y de la historia de los Estados Unidos no son héroes, sino villanos que perpetuaron sistemas de violencia, opresión, intolerancia y estrechez de miras.

Por cierto, si usted afirma que es «conservador», los defensores de la justicia social asumirán que lo que quiere «conservar» son precisamente los sistemas opresivos que han favorecido a los blancos heterosexuales a costa de todos los demás. En suma, ser conservador es ser supremacista blanco. No es de extrañar que la política en Estados Unidos haya llegado a ser tan tóxica y divisiva a medida que la ideología de la justicia social ha incrementado su influencia.

Aunque hay muchas cosas por las que se puede criticar a Occidente —entre ellas la esclavitud racial, los juicios por brujería de Salem, su ambicioso acento en los bienes materiales y la inquisición española, para empezar—, los cristianos han sido llamados a asumir una visión más matizada de la civilización occidental y la historia de los Estados Unidos, tanto lo bueno como lo malo. Nuestra perspectiva debe tratar de descubrir la verdad, no limitarse a una narrativa que escoge y destaca solo lo negativo.

Aunque John Winthrop celebró la esperanza de que el nuevo país sería una «ciudad asentada sobre una colina»,[23] la verdad es que los Estados Unidos no son la Nueva Jerusalén. «No hay que afirmar que Occidente haya sido siempre un paraíso perfecto de justicia y ecuanimidad», dice Bo Winegard. Ni lo es ni nunca lo ha sido. Pero, a pesar de sus imperfecciones, ha sacado más gente de la indigencia, miseria, superstición e intolerancia que cualquier otra civilización en la historia. Actualmente, es encomiablemente cosmopolita y en gran medida exenta de formas absurdas de discriminación y fanatismo».[24]

---

23. "John Winthrop's City upon a Hill, 1630," Mount Holyoke, https://www.mtholyoke.edu/acad/intrel/winthrop.htm.
24. Bo Winegard, "Progressivism and the West," Quillette, March 9, 2019, https://quillette.com/2019/03/09/progressivism-and-the-west/?utm_source=Intercollegiate+Studies+Institute+Subscribers&utm_campaign=c8042586e9-Intercollegiate+Review+March+21+2019&utm_medium=email&utm_term=0_3ab42370fb-c8042586e9-93107593&goal=0_3ab42370fb-c8042586e9-93107593&mc_cid=c8042586e9&mc_eid=addf900d03.

A pesar de todos sus defectos, la civilización occidental ofrece bastantes cosas buenas —libertad de conciencia, de expresión, de religión, respeto al individuo, procesos legales, paz y prosperidad relativas, y así sucesivamente. Estas bondades surgieron del conocimiento de la verdad bíblica vivida, imperfecta pero fielmente, a lo largo de muchas generaciones. Los que atacan a Occidente lo hacen mayormente con instrumentos provistos por la propia civilización. La narrativa de la justicia social ignora por completo esta historia. Pero no deberíamos olvidarla.

Al hacer una valoración de Occidente, usemos con precisión el lenguaje y el pensamiento. El Occidente moderno no es una cultura única, monolítica. Son realmente dos culturas distintas que comparten una historia y una geografía comunes. La cultura occidental se dividió en el periodo que media entre la Reforma y la Ilustración.

Siguiendo la iniciativa de los filósofos racionalistas y ateos de la Ilustración, una corriente abandonó a Dios y dio lugar a la secularización de la sociedad. El fruto que produjo fueron la revolución francesa y la rusa. Actualmente, esta corriente respalda el posmodernismo, el marxismo (antiguo y nuevo), y la ideología de la justicia social. La otra corriente surgió de la Reforma alemana. Afirmó las raíces judeocristianas de Occidente y sostuvo la autoridad de Dios sobre todos los aspectos de la vida y de la sociedad. Esta corriente sustentó las revoluciones inglesa y estadounidense. Sigue influyendo en iglesias y naciones por todo el mundo, aun cuando ha sido eclipsada por la corriente secular en Europa y Estados Unidos. Esta corriente suministró los nutrientes que dieron lugar a las libertades, la tolerancia, respeto al individuo, imperio de la ley, procesos legales justos, y la prosperidad que ha disfrutado Occidente.

De manera que cuando se habla de «Occidente», o de la civilización occidental, o la historia de los Estados Unidos, deben tenerse en cuenta ambas corrientes. Ambas corrientes, por ejemplo, han conformado el capitalismo de libre mercado. De modo que el capitalismo no es una, sino dos cosas muy diferentes. La cuestión de si el capitalismo en su conjunto es bueno o malo para la sociedad depende de *qué* capitalismo se esté contemplando.

Un capitalismo secularizado, desprovisto de virtud cristiana y de moral objetiva es voraz, avaricioso, motor que propaga toda clase de mal. Pero el capitalismo que sigue siendo influido por la Reforma y la autoridad de Dios, la moral objetiva y la virtud, es motor de buena gestión, generosidad, prosperidad y bendición. Ambas formas de capitalismo están con nosotros hoy. Lo mismo se puede decir de la «libertad», la «ley» y el «sueño americano». Occidente es hoy, esencialmente, dos culturas separadas, enfrentadas y en conflicto.

Sin embargo, muchas personas no hacen esta distinción, entre ellas muchos destacados líderes evangélicos. Critican a la ligera la civilización occidental, el capitalismo o el sueño americano,[25] o incluso el legado estadounidense de la libertad,[26] como si fueran todos ellos la misma cosa. Pero no lo son. Como cristianos, nuestro problema no radica en la «civilización occidental», sino en la *secularización* de la civilización occidental. Las raíces judeocristianas de Occidente necesitan ser reconocidas, celebradas y preservadas.

Como cristianos somos llamados a ser un pueblo humilde y agradecido. Deberíamos mostrar una actitud de humildad hacia nuestros antepasados. La actitud del que solo critica el pasado revela altivez y soberbia que básicamente declara: «Nosotros habríamos sido más virtuosos y valientes si hubiéramos vivido en sus tiempos y circunstancias». Esta clase de arrogancia histórica no tiene cabida en el corazón del cristiano. Antes bien, debemos reconocer que, lo mismo que nuestros predecesores, tenemos defectos, y mostrarles la misma gracia que querríamos que se tuviese con nuestras deficiencias. También deberíamos apreciar y ser agradecidos por la herencia que hemos recibido. Las *muchas* cosas buenas que con tanta facilidad damos por sentadas nos han llegado a través de la historia occidental y de los Estados Unidos, y de personas que se han esforzado por preservar y transmitir sólidas ideas bíblicas que son buenas, bellas y verdaderas, pagando con frecuencia un alto precio

---

25. Véase, por ejemplo, Brian Fikkert, *Becoming Whole: Why the Opposite of Poverty Isn't the American Dream* (Chicago: Moody Publishers, 2019).

26. Véase, por ejemplo, Patrick Deneen, *Why Liberalism Failed* (New Haven: Yale University Press, 2018).

personal. Su recuerdo merece honra. No porque fueran perfectos, sino porque entregaron un gran regalo una sociedad relativamente justa y libre.

Esta gratitud y humildad con el pasado están completamente ausentes en los adeptos a la ideología de la justicia social. Al alimentar un espíritu crítico enfocándose solamente en lo negativo, se convencen a sí mismos de que hay muy poco, o nada, por lo que dar gracias y mucho que despreciar. Pero es terrible ser deliberadamente ciego a los dones que otros nos han concedido. Destruye relaciones, y la relación que tenemos con nuestros predecesores es una de las más importantes.

Una moral distorsionada

Así pues, ¿adónde conducen los supuestos centrales y los valores y contravalores de la ideología de la justicia social? A una moral violentamente distorsionada e invertida.

La ideología de la justicia social es un movimiento extremadamente moral. Algunos incluso han calificado el movimiento de «puritano».[27] Tiene un sentido bien definido del bien y el mal, y sus seguidores gustan de la rectitud y pureza moral que la ideología les permite.

¿Qué aspecto ofrece esta «moral»? Ciertamente no involucra las consideradas virtudes históricas —cosas como honestidad, amabilidad, castidad, paciencia, perdón, fidelidad conyugal, modestia o civismo. No. Significa solo una cosa: subvertir sistemas opresivos y liberar grupos marginados.

El movimiento es también muy agresivo y se esfuerza por imponer su moral a otros. Se obsesiona por mantener un sentir de pureza moral, no solo dentro de sus propias filas, sino también sobre todos los demás, no solo mediante el acoso y el escarnio, sino, cada vez más, movilizando a las autoridades públicas y privadas para que impongan leyes y reglamentos y castiguen a los malhechores.

Esto se percibe, quizás, más claramente en la nueva moral sexual promulgada por la ideología de la justicia social. Usted es inmoral si:

- Insiste en que el binomio varón-hembra es un hecho, una realidad biológica.

27.   Walter Olson, "Yale and the Puritanism of 'Social Justice,'" The Wall Street Journal, March 6, 2018, https://www.wsj.com/articles/yale-and-the-puritanism-of-social-justice-1520381642.

- Afirma que el matrimonio es un pacto permanente entre un hombre y una mujer.
- Cree que el sexo debe reservarse para el matrimonio.
- No afirma ni celebra la homosexualidad, el lesbianismo, el transexualismo o cualquier otra identidad sexual.

El aborto juega un papel central en este sistema moral. Para sus adeptos, el aborto no es un mal necesario que debiera ser «seguro, legal y excepcional», sino un bien moral positivo y un derecho humano fundamental. El aborto, en cualquier momento, por cualquier motivo, es cuestión de justicia social —justicia *reproductiva*—. No se presta ninguna atención a la vida del nonato. Éste es ignorado o deshumanizado.

Por lo que toca a la raza, la moral distorsionada de la ideología de la justicia social sigue el contorno de la interseccionalidad. Si usted forma parte del grupo opresor, cuente con que sus transgresiones serán subrayadas. Incluso la más leve ofensa o «micro-agresión» se proclamará y utilizará en su contra. Si usted es miembro de un grupo de víctimas, sus transgresiones (y las víctimas de sus infracciones) serán en gran parte ignoradas.

En Chicago, quedó bastante claro el abatimiento de Laquan McDonald en 2014, joven afroamericano de 17 años, por un oficial de policía blanco, que a la larga fue condenado por asesinato en segundo grado en 2018.[28] Aunque el incidente de McDonald remodeló las políticas de la ciudad y desencadenó muchas manifestaciones, la horrenda tasa continua de asesinatos en la ciudad —cuya mayoría de víctimas son afroamericanas—[29] recibe escasa cobertura en los medios de comunicación. ¿Por qué? Porque la inmensa mayoría de esos asesinatos son cometidos por negros contra otros negros. Según la cosmovisión y la ideología de la justicia social, el mero hecho de mencionar este dato es insensible y racista. Los negros son víctimas; por tanto, la violencia que cometen es en gran medida ignorada por los medios. Intente defender a las víctimas de crímenes perpetrados por negros y en seguida será desafiado, corregido o avergonzado.

---

28. "Murder of Laquan McDonald," Wikipedia, https://en.wikipedia.org/wiki/Murder_of_Laquan_McDonald.
29. "Homicides in Chicago: A list of every victim," Chicago Sun-Times, https://graphics.suntimes.com/homicides/.

En distintos lugares del mundo niñas y mujeres sufren crímenes de género, violaciones, tráfico de personas, ácido en la cara y asesinatos por causa de su sexo.[30] Sin embargo, su drama es mayormente ignorado por los activistas de la justicia social en Occidente, y por unos medios sumisos. ¿Por qué? Porque los perpetradores disfrutan de la condición de grupo victimizado cual musulmanes, u otras antiguas colonias no occidentales. He aquí una regla cardinal de la moral de la justicia social: Los miembros de grupos considerados víctimas nunca pueden ser retratados como perpetradores de injusticia. Son, y deben seguir siendo siempre, víctimas.

Aunque ignoran graves injusticias cometidas contra mujeres y niñas en países como Somalia, o Paquistán, estos mismos activistas de la justicia social se exasperan fácilmente cuando perciben la más leve «injusticia» contra las mujeres en Occidente —por ejemplo, cuando su plan de seguros no cubre gastos de control de natalidad.

Un pediatra argumentó contra una decisión federal de no forzar a los empleadores con objeciones religiosas o morales a pagar por la anticoncepción: «Esto no solo tiene que ver con la salud de las mujeres. Tenemos derecho a practicar el sexo».[31]

Aunque la ideología de la justicia social eleva las «micro» injusticias más allá de toda proporción, ignora o minimiza grandes injusticias. El aborto, la injusticia más grave de nuestra generación, ha eliminado legalmente más de 60 millones de seres humanos nonatos desde 1973. No obstante, es ampliamente aceptado como bien moral positivo.

Para algunos, intentar sostener una moral tan distorsionada e invertida es demasiado difícil de soportar. Frederica Mathewes-Green era una feminista pro-elección a favor del aborto. Pero después de leer el relato de un médico en la revista *Esquire* sobre un aborto, se le abrieron los ojos. «Yo me consideraba pacifista, contra la pena capital, y aun vegetariana, firme partidaria de que la justicia social no se puede conquistar a costa de violencia», relata Mathewes-Green. «Pero con seguridad esto tenía pinta de violencia. ¿Cómo había yo aceptado que este horrendo acto fuera el punto

---

30. Véase Darrow Miller con Stan Guthrie, *Opresión de la mujer, pobreza y desarrollo: Vindicación de la dignidad de la mujer para construir naciones sanas* (Tyler, Texas: Editorial JUCUM, 2008).
31. Tracey Wilkinson, "Why my patients will suffer under Trump's new birth control rule," Vox, October 12, 2017, https://www.vox.com/first-person/2017/10/12/16464204/patients-suffer-trump-new-birth-control-rule.

central de mi feminismo?»[32]

Este desconcertante estado de cosas plantea un verdadero reto para los cristianos. ¿Aceptaremos la torcida y distorsionada moral de la justicia social, o tendremos el coraje de protestar contra verdaderas injusticias cuando se produzcan, como el aborto, la violencia entre los negros o el crimen de género? ¿Adoptaremos prioridades morales tergiversadas (y anteojeras) de la ideología de la justicia social, o permitiremos que sea la Biblia nuestra guía en asuntos de justicia y moral?

- ¿Nos mantendremos fieles a la moral sexual bíblica, o trataremos de transigir con la revolución sexual?
- ¿Nos comprometeremos a luchar para poner fin a la injusticia más grave de nuestra generación —el aborto— o nos mantendremos al margen, mudos y ambiguos?
- ¿Ignoraremos las injusticias perpetradas por miembros de grupos considerados víctimas, o juzgaremos con imparcialidad, independientemente de dónde encajen los responsables en el espectro interseccional?
- ¿Nos pronunciaremos a favor de las víctimas de la injusticia, con independencia de su color de piel, etnia, etapa de la vida o sexo? ¿Importarán *todas las vidas* o solo las de los grupos que se autodenominan víctimas?

El carácter de Dios y su Palabra revelada definen la diferencia entre el bien y el mal. Su ley tiene autoridad en cuestiones de moral, especialmente los Diez Mandamientos. Debemos comprometernos con su ley, no con normas morales de la sociedad, no importa cuán populares sean, o el alto precio que tengamos que pagar por violar dichas normas.

Lamentablemente, se da una tentación creciente entre algunos evangélicos a atenuar o desestimar la ley del Antiguo Testamento como irrelevante. Andy Stanley, pastor de *North Point Ministries* en Atlanta, ha llamado a los cristianos a «desengancharse» del

---

32. Frederica Mathewes-Green, "When Abortion Suddenly Stopped Making Sense," National Review, January 22, 2016, https://www.nationalreview.com/2016/01/abortion-roe-v-wade-unborn-children-women-feminism-march-life/?fbclid=IwAR0Pn9FMG8NQBOt9-ZRsKQJT-f0GxZqWKf3T0c6nv4vP3XysmN0YjzYI3VW4.

Antiguo Testamento diciendo: «Se espera de los participantes en el nuevo pacto que obedezcan el único mandamiento que dictó Jesús como parte de su nuevo pacto: que os améis unos a otros como yo os he amado». Stanley añade que este nuevo mandamiento «sustituye a todos los de la lista existente, incluidos los diez principales».[33]

Esto es erróneo. Como dijo el Señor en el sermón del monte, Él no vino a abrogar la ley, sino a cumplirla (Mateo 5:17). Ni una sola palabra de la ley dejará de cumplirse. Las declaraciones de Stanley reflejan la peor especie de teología antinómica. Si nosotros no defendemos las normas morales de Dios —su ley— ¿quién lo hará? Y si perdemos la ley de Dios, la única alternativa que nos queda es la moral centrada en el hombre, subjetiva y variable, en función de quien ejerza el poder.

Otra tentación creciente, especialmente en asuntos relacionados con la sexualidad, se presenta cuando se sustituye la moral sexual bíblica por un enfoque más terapéutico, centrado en los sentimientos, que en algunos casos llega a afirmar que la ley de Dios carece de amor y de compasión. Esta forma de pensar ha comprometido profundamente a la Iglesia Episcopal. Por ejemplo, la Iglesia Episcopal en la diócesis de Washington, D.C., aprobó una resolución en 2018 de no usar ya pronombres masculinos para referirse a Dios en las actualizaciones de su libro de oración común. La resolución instaba a la Iglesia a «utilizar un lenguaje expansivo para Dios de las ricas fuentes de imaginería femenina, masculina y no binaria halladas en la Escritura y la tradición, y si es posible, evitar el uso de pronombres de género para Dios». Los redactores explicaron: «Ampliando el lenguaje referente a Dios, ampliaremos la imagen que tenemos de Él y de su naturaleza».[34]

Mientras tanto, algunos sucumben a la mentira de que «Dios les hizo así», ya sea la persona trans, gai, o lo que sea. Y si «Dios les hizo» de esa manera, debe ser correcto actuar en consecuencia.

---

33. Andy Stanley, "Why Do Christians Want to Post the 10 Commandments and Not the Sermon on the Mount?" Relevant, January 7, 2019, https://relevantmagazine.com/god/why-do-christians-want-to-post-the-10-commandments-and-not-the-sermon-on-the-mount/.
34. Fr. Mark Hodges, "U.S. Episcopal diocese votes to stop using masculine pronouns for God," LifeSite News, February 1, 2018, https://www.lifesitenews.com/news/u.s.-episcopal-diocese-votes-to-stop-using-masculine-pronouns-for-god1.

¿Recuerda lo mucho que se habló del gen gay? ¡No existe! Como reconoce la Asociación Estadounidense de Psicología: «No ha surgido ningún hallazgo que permita a los científicos concluir que la orientación sexual es determinada por ningún factor —o factores— en particular. Muchos piensan que la naturaleza y la crianza juegan roles complejos».[35]

Pero aunque el Todopoderoso permitiera tales sentimientos y asedio pecaminoso, la Biblia jamás insinúa que esté bien dejar que nos controlen. Antes bien, hemos de ser transformados por la renovación de nuestra mente (Romanos 12:2) y pensar en «todo lo que es verdadero, todo lo honesto, todo lo justo, todo lo puro, todo lo amable, todo lo que es de buen nombre» (Filipenses 4:8) y escoger hacer lo bueno.

¿Qué se pierde?

¿Qué perdemos si la ideología de la justicia social continúa eclipsando el sistema judeocristiano de creencias como principal modelador de nuestra cultura común? Ya estamos viendo cambios y podemos esperar muchos más:

- Menos gratitud y más quejas.
- Menos responsabilidad personal y más victimismo, hostilidad, división y reproches.
- Erosión continua del imperio de la ley/Estado de derecho, con normas y leyes morales cada vez más arbitrarias, en constante cambio, conforme a los caprichos del grupo que ostente el poder para influir en la opinión pública.
- Pérdida de los procesos legales. No habrá más inocentes antes que se demuestre que son culpables.
- Pérdida de la libertad de expresión. No habrá posibilidad de debatir y deliberar abiertamente temas importantes. Al clausurar el debate, se abre aún más la puerta al extremismo violento.
- Erosión de la libertad religiosa. Nuestra principal libertad es cada vez más encasillada como tapadera del fanatismo y arma para oprimir a las denominadas «minorías sexuales».
- Pérdida del evangelio. La ideología de la justicia social es

---

35. Trent Horn, "'God Made Me Gay," Catholic Answers, April 11, 2019, https://www.catholic.com/magazine/online-edition/god-made-me-gay.

absolutamente incompatible con el evangelio cristiano. Ofrece una
justicia falsa a los miembros de grupos victimizados y una forma
falsa de expiación para los opresores. Como tal, es un evangelio
falso —en última instancia, no da cabida al perdón, la reconciliación o la redención, solo a una mayor división, condescendencia y
retribución.

• La pérdida de la base de toda unidad, cohesión, o tolerancia social.
Ya no más «vive y deja vivir». Ya no más «amarás a tu enemigo».

• No hay esperanza para una futura justicia. El mal debe ser pur-
gado en el presente a través de las masas en twitter, y en marchas de protesta, pero la cosa no queda ahí. Si no cambiamos
el rumbo, el mal tendrá que ser extirpado por medio de gulags,
guillotinas o campos de exterminio.

La pastelería Gibson vs. la Universidad Oberlin: Una ventana al futuro

¿Qué aspecto ofrecerá la sociedad si la ideología de la justicia social
se convierte en «culto» oficial de la cultura occidental, en sistema
religioso subyacente que conforma nuestros valores y contravalores
colectivos, impulsa nuestras decisiones, acciones, políticas y leyes?
Podríamos echar un vistazo a un número creciente de casos y ejemplos, pero nos ceñiremos aquí a uno en particular que creo que nos
permite ver claramente por una ventana lo que nos espera.

El relato se basa en un hecho acontecido en la pastelería Gibson,
en Oberlin, Ohio, en el otoño de 2016. Según Tom Gibson, dueño
de la pastelería familiar:

> Somos dueños y regentamos la Pastelería Gibson, en la ciudad
> de Oberlin, Ohio —sede de la Universidad Oberlin—. Nuestra
> familia se ha esforzado más de 130 años por labrarse una repu-
> tación con nuestros productos caseros horneados, dulces y hela-
> dos, y nuestro compromiso con la comunidad. . .
> Hace mucho que la pastelería es un lugar de encuentro habitual
> de estudiantes, residentes y antiguos alumnos. La reputación de
> nuestra familia y negocio fue motivo de orgullo por generacio-
> nes. Pero todo cambió. . .el 9 de noviembre de 2016, cuando un
> estudiante intentó hurtar dos botellas de vino de nuestra tienda.
> . .

La policía arrestó al estudiante. Pero al día siguiente, cientos de personas se reunieron para protestar. Convocaron un boicot con megáfonos. La acera y el parque del otro lado de la calle se llenaron de manifestantes exhibiendo pancartas que nos etiquetaban de racistas y supremacistas blancos. Dijeron que el arresto se debía a un prejuicio racial. La narrativa quedó asentada y sin posibilidad de refutación.

A pesar de la falta de evidencia, nuestra familia fue acusada de larga tradición racista y discriminatoria. Los responsables de la Universidad Oberlin decidieron suspender una relación de más de 100 años con nuestra pastelería, y nuestra clientela menguó. Fuimos oficialmente juzgados —no ante la justicia, sino ante el tribunal de la opinión pública. E íbamos perdiendo.

A medida que el tiempo fue pasando, empezó a aflorar la verdad. El ratero confesó su delito y declaró que el arresto no había sido motivado racialmente. Pero la Universidad Oberlin se negó a aclarar las cosas emitiendo un comunicado que dijera que nuestra familia no es racista y tampoco tiene un historial de prejuicios raciales y discriminación.

Pero el daño estaba hecho. Y la verdad parecía irrelevante. En una ciudad pequeña como Oberlin, tener en contra a la empresa y empleador más importante es más que suficiente para sellar tu destino.

Agotadas nuestras opciones, decidimos ir a juicio contra la Universidad Oberlin. Dos bufetes regionales de abogados aceptaron defender nuestro caso.

Lo que pocos comprenden es que esta situación no solo perjudicó nuestro negocio; también nos afectó en otros muchos aspectos.

Al final, las palabras de mi padre me inspiraron a continuar luchando. Me dijo: «Durante toda mi vida he hecho lo que he podido por tratar a todo el mundo con dignidad y respeto. Y ahora, cuando se acerca el fin de mi vida, me van a tachar de racista».

Él temía no disponer de tiempo suficiente para dejar las cosas claras. Su legado había sido empañado y se sentía incapaz de detener la infamia. Yo tuve que resolver el caso.

Esta experiencia me ha enseñado que la reputación es algo muy frágil. Hace falta toda una vida para forjarla y solo unos momentos para destruirla. . . En un tiempo en el que las redes sociales pueden propagar mentiras a una velocidad alarmante, lo que sucedió a la pastelería Gibson le puede suceder a cualquiera».[36]

Fíjese cómo se manifiestan los supuestos de la ideología de la justicia social en esta especie de parábola:

- La verdad, los hechos, la evidencia no importan. «La verdad era irrelevante», asegura Gibson. «A pesar de la falta de evidencia, nuestra familia fue acusada de larga tradición de racismo y discriminación».
- La narrativa sustituye a la verdad. «La narrativa quedó asentada, no se podía refutar».
- Siguiendo la lógica de la interseccionalidad, el infractor (persona de color) fue tenido por víctima, y la víctima (Gibson, un hombre blanco) como maleante.
- Justicia popular, deshonra e intimidación. «. . . se reunieron centenares de personas para protestar. Convocaron un boicot con megáfonos. La acera y el parque del otro lado de la calle se llenaron de manifestantes exhibiendo pancartas que nos etiquetaban de racistas y supremacistas blancos. . . Fuimos oficialmente juzgados —no ante la justicia, sino ante el tribunal de la opinión pública».
- Apoyo institucional a la multitud: «La Universidad Oberlin se negó a aclarar las cosas emitiendo un comunicado que dijera que nuestra familia no es racista y tampoco tiene un historial de prejuicios raciales y discriminación.

En este caso, la víctima es una persona de color, pero podría haber sido fácilmente una mujer, o una minoría sexual. Se pone en marcha la misma dinámica. Se sigue el mismo guión básico. Recuérdese la confirmación de Brett Kavanaugh por la Corte Suprema de Justicia. En el último momento, una mujer, Christine Blasey Ford, acusó a Kavanaugh de haberla violado. No se halló ninguna evidencia que respaldara su acusación, pero no importaba. Los ideólogos de la justicia social corrieron a defenderla con el estribillo: «¡Siempre hay que creer a la víctima!».

---

36. David Gibson, "Oberlin College vs. Gibson Bakery," USAToday, June 21, 2019, https://www.usatoday.com/story/opinion/voices/2019/06/21/oberlin-college-gibson-bakery-lawsuit-column/1523525001/.

Fueron respaldados por turbas vociferantes e histéricas, a su vez respaldadas por múltiples instituciones y organizaciones, que intentaban por todos los medios necesarios destruir la reputación de Kavanaugh.

Estos casos revelan claramente el aspecto que ofrece la justicia social en la práctica. A estas alturas debería estar claro que no hay ninguna relación entre la justicia social y la justicia bíblica. Son totalmente distintas en sus premisas, valores y consecuencias. Cristianos como Joe Carter, de la Gospel Coalition, no nos hacen ningún favor cuando comparan la justicia bíblica con la justicia social:

> «La justicia bíblica encierra toda forma de justicia ordenada por Dios, incluso... la justicia social».[37]

Al parecer, Carter, y muchos como él, no aciertan a ver que la justicia social es un rótulo aceptado para designar una cosmovisión plenamente formada que se opone a la cosmovisión bíblica y su idea de la justicia. El hecho de que la «justicia social» sea una marca asociada con una cosmovisión agresivamente anticristiana se debe discernir por lo que es: Una forma de engaño satánico. No nos debe de extrañar. Satanás «se disfraza como ángel de luz» (2 Corintios 11:14), a menudo embozando sus intenciones destructivas con palabras y lenguaje bíblico. Los cristianos deben discernir esto. No pido que abandonemos la palabra «justicia». Este es un terreno que nunca debemos ceder; es ciertamente, el «césped de nuestra casa». Pero es insensatez confundir la justicia bíblica con la justicia social. Es sembrar confusión cuando lo que necesita esta hora es claridad.

¿Cómo responderemos?

¿Cómo responderán a todo esto los seguidores de Jesucristo, enviados a discipular a las naciones (Mateo 28:18-20), y servir para bendecir a nuestra sociedad y vecinos? ¿Nos sentaremos al margen y agacharemos la cabeza mientras esta ideología cubre la nación? Peor aún, ¿apoyaremos deliberadamente o involuntariamente una ideología destructiva en nombre de la lucha por la justicia? ¿O nos

---

37. Joe Carter, "The FAQs: What Christians Should Know About Social Justice," The Gospel Coalition, August 17, 2018, https://www.thegospelcoalition.org/article/faqs-christians-know-social-justice/.

entregaremos a defender la verdad bíblica en vez de esta ideología hostil, por amor a nuestros vecinos e incluso a nuestros enemigos? Necesitamos discernir atentamente y tomar decisiones sabias.

SESIÓN 6:
Versículo bíblico para memorizar

> *«Por lo demás, hermanos, todo lo que es verdadero, todo lo honesto, todo lo justo, todo lo puro, todo lo amable, todo lo que es de buen nombre; si hay virtud alguna, si algo digno de alabanza, en esto pensad».* Filipenses 4:8

Parte A. Lea las páginas 115-117

1. ¿En qué difiere la concepción ideológica de la «igualdad», según la justicia social, de lo que se revela en las Escrituras?

2. En cuanto a la «igualdad», ¿cuál fue el objetivo de los estados comunistas de la Unión Soviética, China y de todos los experimentos utópicos? ¿Cuál fue a menudo la consecuencia de no ajustarse a ese tipo de «igualdad»?

3. Los malos resultados nunca deben atribuirse a _____ _____ o _____, según la justicia social ideológica. Esto equivale a «_____ a la víctima». La culpa debe _____ atribuirse a _____, _____ y _____ causas que escapan al control humano.

Parte B. Lea las páginas 117-122

4. Si la justicia social requiere igualdad de resultados y se demuestra que los hogares biparentales y amorosos confieren enormes ventajas a algunos niños sobre otros, ¿cuál es la respuesta ideológica de la justicia social a esta «desigualdad»?

5. La diversidad simplemente significa _____ o _____.

¿Qué nos enseña la diversidad de la creación de Dios acerca de Dios?

6. ¿Qué tipo de diversidad defiende la justicia social ideológica: la diferencia individual o la diferencia de grupo? Explique por qué esto es en realidad una conformidad opresiva.

Parte C. Lea las páginas 123-126

7. ¿Qué nos enseñan las siguientes Escrituras acerca de cómo los cristianos deben pensar y actuar hacia los pobres y necesitados entre nosotros?

Proverbios 19:17

1 Juan 3:17

8. Si bien los pobres pueden ser víctimas de desastres naturales, guerras, violencia, fuerzas opresoras o enfermedades, la visión cristiana de los pobres (y su visión de sí mismos) nunca debe reducirse a «_____». Esta palabra puede describir _____, pero no debe describir _____.

9. Según la cosmovisión bíblica, ¿cuáles son las tres tareas principales del gobierno? ¿Qué tarea no le incumbe?

Parte D. Lea las páginas 126-131

10. ¿Qué se esconde detrás de las dos tendencias recientes que se presentan tanto en EEUU como también en algunos países hispanos, de no defender el himno nacional y negarse a honrar la bandera, profanar y derribar estatuas, murales y retratos que conmemoran a personajes históricos famosos como Colón u otros libertadores y fundadores?

11. A pesar de todos sus defectos, ¿cuáles son algunas de las cosas

realmente buenas que han surgido en la civilización occidental?

12. Explique la diferencia entre las dos «corrientes» de la civilización occidental. ¿Por dónde empezaron ambas? ¿Qué afirmó cada corriente? ¿Cómo afectó/afecta esto al capitalismo, y por qué la gente (incluidos muchos líderes evangélicos hispanos) se apresura a criticar a la civilización occidental, el capitalismo, el sueño americano o incluso el legado de libertad de los Estados Unidos?

Parte E. Lea las páginas 132-142

13. Describa la moral distorsionada actual debido a los supuestos, valores y contravalores de la justicia social ideológica. ¿Qué cosas se consideran «inmorales» y cómo se castiga esta «inmoralidad»?

14. ¿Cuáles son algunos de los cambios que estamos viendo y otros que podemos esperar si la justicia social ideológica continúa eclipsando el sistema de creencias judeocristiano en nuestra cultura? ¿Cuál de estos le preocupa más?

Parte F. Repase el capítulo y Filipenses 4:8

15. ¿Qué ha aprendido sobre Dios y/o la iglesia en este capítulo y en las Escrituras que ha estudiado esta semana?

Notas y reflexiones personales

7

INCURSIONES EN LA CULTURA
. . .Y EN LA IGLESIA

La ideología de la justicia social ha invadido y conformado la cultura en general con notable éxito, y a una velocidad vertiginosa. Es la ideología reinante en las zonas metropolitanas más grandes. Sus supuestos dominan en amplias extensiones de la cultura, especialmente en:

- El mundo académico, especialmente las humanidades, ciencias sociales, departamentos de educación y administración de universidades, así como escolarización primaria y secundaria.
- Los principales medios de comunicación y entretenimiento.
- El ala progresista del partido demócrata.
- Las nuevas tecnologías y Silicon Valley, que abarcan empresas poderosas como Google, Apple, Facebook, Amazon y Twitter.
- Las salas de juntas y departamentos de recursos humanos de importantes corporaciones y asociaciones, donde el mantra «diversidad, equidad e inclusión» se ha vuelto omnipresente.
- Organizaciones de acreditación profesional en educación, derecho, medicina y otras.
- Principales denominaciones protestantes, como la Iglesia Episcopal, la Iglesia Unida de Cristo y la Iglesia Presbiteriana (EE.UU.).

Debido a la enorme influencia de estas instituciones, todos hemos absorbido, en cierto modo, los supuestos y valores de la ideología de la justicia social de forma posiblemente inconsciente.

Y no obstante, sigue habiendo grandes franjas de la cultura que se oponen firmemente a dicha Ideología, entre ellas:

- Las comunidades rurales y trabajadoras.

- La mayoría de evangélicos que creen en la Biblia y asisten a la iglesia, así como un número importante de católicos y ortodoxos y judíos ortodoxos.
- El ala conservadora del partido republicano.
- Un pequeño pero elocuente grupo de figuras públicas y académicas, y famosos en YouTube, como Jordan Peterson, Jonathan Haidt, Camille Paglia y otros.

Respuesta de la Iglesia evangélica

Parecen que las iglesias evangélicas se están fracturando en respuesta a la ideología de la justicia social, y muchos destacados líderes, universidades y organizaciones evolucionan implícita o explícitamente suscribiendo dicha ideología.

Siempre que una cosmovisión hostil, no bíblica, extiende su influencia en una cultura, se ejerce presión sobre la Iglesia creyente en la Biblia. Históricamente, la Iglesia responde en una de estas tres maneras:

Se *somete* a la ideología reinante desechando la enseñanza bíblica ortodoxa e intenta alinearse con los supuestos centrales de la ideología emergente. Esto suele estar motivado por el instinto de supervivencia, y la creencia de que sino se conforma con la cosmovisión reinante, la iglesia será marginada y menoscabada.

Se *acomoda*, se adapta a la ideología reinante, a menudo involuntariamente. La nueva ideología cambia la cultura tan rápido que arrastra a los cristianos que no son plenamente conscientes, y se infiltra en su forma de pensar.

No se da una elección necesariamente consciente de abandonar el cristianismo ortodoxo, pero con el tiempo, a medida que se abraza un supuesto tras otro de la nueva ideología, se erosiona lentamente la ortodoxia bíblica.

Resiste la ideología reinante. Ve la amenaza con ojos abiertos y responde aferrándose a la enseñanza bíblica ortodoxa, sin importarle el precio. En muchos casos, la resistencia conduce a los cristianos a desconectarse de la cultura más amplia, especialmente cuando se trata de la educación de sus hijos. La resistencia conduce a una confrontación abierta con la cultura más amplia.

Vimos cómo se manifestó esto en Alemania en la década de 1920 y 1930 con el surgimiento del nacional socialismo. En su libro magistral *Bonhoeffer: Pastor, mártir, profeta y espía*, Eric Metaxas relata cómo la ideología nazi dividió a la Iglesia en Alemania. Trágicamente, una mayoría de iglesias e instituciones cristianas se sometieron o se acomodaron a la nueva ideología. Algunos llegaron incluso a desplegar la cruz gamada en los púlpitos de sus iglesias. La «Iglesia Confesante» resistió, confrontó abiertamente el racismo, y finalmente pagó el precio de esta decisión con el sacrificio de sus vidas. La Iglesia alemana aún tiene que recuperarse de esos eventos catastróficos.

Vimos cómo se manifestó en los Estados Unidos a finales del siglo XIX y principios del siglo XX, cuando una ideología agresivamente secular fomentó la teoría naturalista de la evolución de Darwin y empezó a extenderse por los centros educativos y la cultura en general.

El protestantismo convencional eligió el camino de la conformidad. Su versión secularizada del cristianismo sustituyó el evangelio histórico por el «evangelio social». En consecuencia, el hombre no había caído, sino que era perfectible. El problema en la sociedad no era la pecaminosidad humana, sino la desigualdad social. La solución no era la regeneración espiritual interna, sino programas gubernamentales externos concebidos para rediseñar la sociedad y eliminar las desigualdades sociales. Horace Greeley (1811-1872), fundador y editor del *New York Tribune*, resumió el evangelio social de forma sucinta:

> El corazón del hombre no es depravado. . . sus pasiones no le impulsan a hacer el mal y, por medio de sus actos, producirlo. El mal solo fluye de la desigualdad social. Dese a la gente amplias posibilidades, plena libertad de actuación, un desarrollo perfecto y completo, y resultará una felicidad universal. . . Créese una nueva forma de sociedad en la que esto sea posible. . . y entonces se conseguirá la sociedad perfecta; se obtendrá el Reino del Cielo.[1]

---

1. Scott, Allen, "History repeats itself," WORLD, January 12, 2019, https://world.wng.org/content/history_repeats_itself.

No obstante, para muchos otros cristianos esta manera de hablar era completamente herética. En vez de conformarse a la rápida propagación de la ideología secular, estos cristianos decidieron resistir. Fueron conocidos como «fundamentalistas» y guiados por gente como J. Gresham Machen y R.A. Torrey. Ellos se aferraron a las doctrinas bíblicas básicas, como la autoridad de la Biblia, la naturaleza caída de la humanidad, la realidad de un juicio futuro y la expiación.

El amargo conflicto resultante entre el protestantismo convencional y el fundamentalismo fracturó la Iglesia occidental. En su condición debilitada, la Iglesia perdió mucha influencia social, y la ideología secular emergente fue llenando progresivamente el vacío cultural. Instituciones que una vez fueran ortodoxas, como casi todas las universidades de la Liga Ivy (conferencia deportiva de universidades privadas: Brown, Harvard, Cornell, Princeton, Dartmouth, Yale, and Columbia universities and the University of Pennsylvania), abandonaron el cristianismo bíblico y rápidamente se secularizaron.

El movimiento fundamentalista de principios del siglo XX dio lugar a las iglesias evangélicas actuales. Su resistencia preservó el evangelio y la ortodoxia bíblica en Estados Unidos, y actualmente, la Iglesia creyente en la Biblia sigue siendo una importante fuerza cultural. Y aunque con razón les honramos por su postura valiente, cometieron un error importante. Al reaccionar contra el evangelio social, abandonaron la enseñanza histórica sobre el compromiso cristiano con la sociedad. Al hacerlo, sustituyeron la cosmovisión bíblica por una especie de dualismo gnóstico que separó la realidad en dos categorías: «superior» e «inferior». La superior (más importante) se interesaba por las cosas del espíritu, el cielo, la evangelización y el ministerio eclesiástico. La inferior (menos importante) englobaba casi todo lo demás, incluida toda forma de involucramiento cultural. Esto fue, de manera paulatina, considerado por los fundamentalistas vano y no bíblico. La «cultura» fue vinculada con un mundo caído irredimible. Dios no estaba interesado en cambiar la cultura, sino en rescatar gente de una cultura irredimiblemente quebrantada. En *El avivamiento moderno: Desde*

Charles Grandison Finney a Billy Graham, William McLoughlin cita a Dwight L. Moody y capta perfectamente esta mentalidad: «Contemplo este mundo como una nave naufragada. Dios me ha dado un bote salvavidas y me ha dicho: «Moody, salva a todos los que puedas».[2]

En su lamentable reacción contra el evangelio social, los fundamentalistas restaron importancia a la clara enseñanza bíblica de la responsabilidad de la Iglesia de ser sal y luz en la cultura, y amar al prójimo, especialmente a los empobrecidos y marginados. El legado histórico del compromiso social cristiano, que se extiende desde la obra de la Iglesia primitiva en la antigua Roma hasta las grandes obras de los héroes del movimiento misionero protestante moderno, como Amy Carmichael, William Wilberforce y William Carey, fue en gran parte ignorado y olvidado. Se había perdido la perspectiva bíblica del ministerio que vincula perfectamente la evangelización y el discipulado con cuestiones de justicia y transformación social.

Considérese, por ejemplo, Amy Carmichael (1867-1951), una de las misioneras más respetadas de la primera mitad del siglo XX. Ella no tuvo problema en «involucrarse con la cultura». Entre otras cosas, Carmichael fundó un ministerio para proteger, cobijar y educar a las prostitutas de los templos de la India. En los últimos días de su ministerio, llegaron a la India otros misioneros occidentales que cuestionaron a Carmichael y le reprocharon que luchar contra la prostitución sagrada en la India era una «actividad mundana» que la distraía de «salvar almas». A esas acusaciones, ella simplemente respondía: «Las almas están más o menos firmemente ligadas a sus cuerpos».[3]

Un avance rápido hasta 2010. Una vez más, una ideología agresiva y no bíblica, un guiso tóxico de posmodernismo y neomarxismo, que durante años se había incubado en las universidades occidentales, comenzó a influir en la cultura más general. Una vez más, la respuesta de la Iglesia volvió a fracturarse. Sin embargo, esta

---

2. William McLoughlin, *Modern Revivalism: From Charles Grandison Finney to Billy Graham* (Wipf and Stock, 2005).
3. Allen, "History repeats itself."

vez la división no tuvo lugar entre los fundamentalistas y el protestantismo dominante. La división se produjo (y opera) dentro del propio mundo evangélico.

La coalición conformista

Volvamos a 2010. Una vez más, una ideología agresiva, no bíblica, un estofado ponzoñoso de posmodernismo y neo-marxismo que por años se había incubado en las universidades occidentales, comenzó a influir en la cultura más amplia. La Iglesia, una vez más, dividió su respuesta. No obstante, la separación esta vez no se produjo entre los fundamentalistas y el protestantismo convencional. La división fue (y sigue siendo) entre los mismos evangélicos.

En un bando están los que, deliberada o involuntariamente, han escogido la senda de la conformidad. Esta facción se ha dado en llamar «izquierda evangélica» o «cristianismo progresista». Algunos de sus primeros líderes fueron Jim Wallis, fundador de la revista *Sojourners*, y Ron Sider, de Evangélicos por la Acción Social, y también líderes progresistas cristianos como Brian McLaren, Rob Bell y Rachel Held Evans.

Los primeros líderes se centraron básicamente en asuntos de pobreza y desigualdad económica. Para los nuevos líderes, la «justicia» no se limitó al ámbito económico. Siguiendo la iniciativa de los pioneros de la cultura, la justicia comportó movilizarse por toda la gama interseccional de los grupos oprimidos: mujeres, comunidad LGBTQ y minorías raciales, o «gente de color».

Mujeres

El auge de la ideología de la justicia social en las universidades, en las décadas de 1950 y 1960, se asemeja a la segunda ola feminista. En 1963, Betty Friedan publicó *The Feminine Mystique*, y Gloria Steinem lanzó la revista MS (Señora). Su movimiento feminista promovió la plena igualdad de hombres y mujeres, y definió la «igualdad» como uniformidad o intercambiabilidad. La segunda ola feminista halló hogar en las universidades. La década de 1980 presenció un rápido auge de programas y especialidades en estudios sobre la mujer.

Para las feministas de la segunda ola, igualdad sexual significó sacar a la mujer de casa e incorporarla al trabajo y el mundo profesional. Asociaron la vida doméstica con opresión servil. La noción bíblica de liderazgo masculino en el hogar —desacreditada como «patriarcado»— fue anatema. Los hombres fueron considerados de forma creciente depredadores sexuales y violadores. La masculinidad era «nociva». El patriarcado no era más que una estructura hegemónica y opresiva. Causa última de desigualdad social, injusticia y opresión. Para las feministas de la segunda ola, la introducción de la píldora anticonceptiva en 1960, junto con la legalización del aborto en 1973, fueron anunciados como grandes triunfos de la liberación de la mujer. El embarazo y la crianza de bebés y niños, considerados obstáculos a la plena igualdad con los varones, fueron finalmente superados.

A partir de la década de 1980, una facción de evangélicos empezó a alinearse con el feminismo de la segunda ola, introduciendo sus supuestos básicos en la Iglesia bajo el lema del «igualitarismo». En 2016, la revista Relevant proclamó: «El feminismo evangélico está en alza, y la conversación se mantiene en voz suficientemente alta para que las iglesias tradicionales la oigan».[4]

Esa conversación fue moderada por una nueva generación de líderes evangélicos que más o menos se hicieron eco de las ideas y el lenguaje de la segunda ola feminista con un barniz cristiano. Para la académica, activista y ministra Mónica Coleman, la cuestión principal es el poder: «En religión, el feminismo es cosa de voz y de poder. . . ¿Dónde están las mujeres en la historia? ¿Quién tiene voz? ¿Quién no la tiene? . . . ¿Quién dirige las iglesias? ¿Qué voces y perspectivas tienen influencia y la voz cantante?»[5]

Esta reducción de las relaciones humanas a dinámicas de poder, forma, por supuesto, parte integrante de la ideología de la justicia social. Otros, como la finada bloguera y oradora feminista Rachel Held Evans, disertaron contra los males del patriarcado. «El

4. Jorey Micah, "The Rise of Evangelical Feminism," Relevant, March 29, 2016, https://relevantmagazine.com/god/rise-evangelical-feminism/.
5. "Black Feminism, the Black Conscious Community and the Black Church By Demetrius Dillard," Northend Agent's, March 21, 2017, http://www.northendagents.com/black-feminism-black-conscious-community-black-church-demetrius-dillard/.

patriarcado no es el sueño de Dios para el mundo. Los que lo siguen perpetuando prolongan una injusticia, que, por supuesto, perjudica a la Iglesia internamente, y también su testimonio ante el mundo entero».[6]

Estas ideas han llegado a ser corriente dominante en el mundo evangélico. La idea del liderazgo del varón en el hogar y la iglesia se considera cada vez más anticuada y represiva. Los evangélicos que sostienen la idea de la «complementariedad» descubren que son minoría en iglesias, escuelas cristianas y organizaciones.

LGBTQ+

El movimiento a favor de los derechos de los homosexuales (después extendido al movimiento LGBTQ+) es uno de los ejemplos más asombrosos de transformación cultural en la historia de los Estados Unidos. En un abrir y cerrar de ojos, el punto de vista dominante sobre la sexualidad, el matrimonio y la familia en Occidente durante milenios, fue trastocado. Hace poco, en 1996, solo un 27 por ciento de la población estadounidense apoyaba el matrimonio del mismo sexo. Para 2013, el apoyo al matrimonio entre homosexuales había escalado hasta el 53 por ciento. Actualmente es aún más alto, con un 73 por ciento de apoyo entre la generación del nuevo milenio.

Esta convulsión moral no ocurrió por accidente. Fue resultado de una estrategia cuidadosamente concebida, cuyo modelo básico fue proporcionado en 1989 por Marshall Kirk y Hunter Marsden en su muy influyente libro *After the Ball: How America Will ConquerIts Fear and Hatred of Gays in the '90s.*[7] La estrategia tenía cuatro objetivos generales: (1) cambiar el estereotipo extravagante de adicción sexual de los gais presentándolos como ciudadanos normales que constituyen una minoría en todas las comunidades; (2) hacer de la homosexualidad una cuestión de determinismo biológico, no decisión moral; (3) retratar a los que se oponen a la conducta homosexual como fanáticos detestables y opresores que deben ser

6. Jorey Micah, "The Rise of Evangelical Feminism." 136 Marshall Kirk and Hunter Madsen, *After the Ball: How America Will Conquer Its Fear and Hatred of Gay.*

7. Marshall Kirk and Hunter Madsen, *After the Ball: How America Will Conquer Its Fear and Hatred of Gays in the '90s* (Plume, 1990).

estigmatizados, silenciados y equiparados con racistas como Jim Crow; y (4) reflejar los derechos LGBTQ como nuevos derechos civiles y los miembros de la comunidad LGBTQ como víctimas.

En los 25 años siguientes, todos esos objetivos fueron alcanzados. Los activistas LGBTQ se centraron hábilmente en las artes, el entretenimiento y la cultura de la fama. En la ceremonia de entrega de premiosa los vídeos musicales MTV 2003, dos de las animadoras de esa época, Madonna y Britney Spears, ayudaron a normalizar la homosexualidad besándose apasionadamente en el escenario.

La película *Brokeback Mountain* (Secreto en la montaña, 2005) ganó varios óscar por enseñar «audazmente» que el matrimonio, las necesidades de los niños, o el compromiso, no deberían obstaculizar la pasión homosexual. Un año después se estrenó *Will y Grace*, una serie de comedias que eliminaban el estigma de la vida homosexual. En 2009, otra comedia, *La familia moderna*, inició sus 10 temporadas plasmando una pareja sana, suburbana, del mismo sexo, criando niños. En 2012, la comedia dramática *Glee* contribuyó a normalizar el estilo de vida homosexual. Duró 6 temporadas y 121 episodios.

A principios de la década de 1990, los cambios en la moral sexual comenzaron a influir en las profesiones, y finalmente, a ser codificados en leyes. En 1993 la Asociación Estadounidense de Psicología retiró la homosexualidad de su catálogo de trastornos mentales. Diez años después, en el caso Lawrence v. Texas, la Corte Suprema dictaminó que los estados no podían legislar contra la conducta íntima de adultos que consienten. Y más tarde, en 2004, Massachusetts fue el primer estado en legalizar el matrimonio del mismo sexo. Al final, le seguirían otros 36 estados, lo que condujo al hito del fallo de la Corte Suprema en el caso *Obergefell v. Hodges*. Actualmente, el matrimonio entre el mismo sexo es legal en el Estados Unidos y varios países en Latinoamérica.

Con la velocidad y la fuerza alcanzadas, esta revolución moral ejerce enorme presión sobre la Iglesia. Al que defiende la concepción histórica, bíblica, de la sexualidad, la familia, el matrimonio e incluso el binomio varón-hembra, le tildan de retrógrado, estrecho de miras e intolerante. Las empresas e instituciones cristianas sufren cada vez más presión para amoldarse a la nueva ortodoxia sexual o enfrentarse a una variedad de sanciones. Los líderes de la revolución moral LGBTQ han dejado claro que su meta no es la coexistencia —sino la victoria total—. Y van ganando. De nuevo, observamos la idea de la suma cero de poder defendida por los tenaces creyentes en la ideología de la justicia social. No puede haber ventaja para ambos bandos. No es posible la coexistencia pacífica.

Como hemos visto una y otra vez, esta especie de oposición cultural organizada ejerce una enorme presión sobre la Iglesia que cree en la Biblia. En 2016, David Gushee, prestigioso profesor evangélico estadounidense y ex columnista de *Christianity Today*, lanzó una advertencia a sus colegas evangélicos. O se suben a bordo del movimiento por los derechos LGBTQ o se enfrentan a consecuencias aún más funestas.

> O estás a favor de una plena e inequívoca igualdad social y legal por la gente LGTB, o estás en contra, y tu respuesta se descubrirá en cualquier momento. Esto es así tanto para los individuos como para las instituciones. No se puede ser neutral. Ni es respetuosa la aceptación a medias. Ni cabe eludir el tema. Escóndase si quiere, pero el tema se presentará y le encontrará.
> Las escuelas religiosas abiertamente discriminatorias y las organizaciones para-eclesiales [esto es, las que defienden la ética sexual histórica, bíblica] serán las primeras que sientan el pellizco. Cualquier entidad que precise la acreditación del Estado o reciba algún subsidio del gobierno estará en primera línea de fuego. Algunas organizaciones tendrán que decidir abandonar [la moral sexual histórica, bíblica] o arriesgarse a ser clausuradas. Otras claramente sufrirán una creciente marginación social.[8]

Según el columnista Rod Dreher, «Gushee ha aceptado plenamente los derechos gay y no solo tolera las relaciones homosexuales, sino que afirma su bondad».[9] Gushee no es el único. Según el

---

8. David P. Gushee "On LGBTQ Equality Middle Ground is Disappearing" Religion New Service August 22, 2016, https://religionnews.com/2016/08/22/on-light-equality-middle-ground-is-disappering/.
9. Rod Dreher, "We Have Been Warned," The American Conservative, August 23, 2016, https://www.theamericanconservative.com/dreher/we-have-been-warned/.

centro de investigaciones Pew Research, en 2016, un 51 por ciento de los evangélicos del milenio expresó su apoyo al matrimonio del mismo sexo; y un 54 por ciento dijo que el homosexualismo debía ser aceptado y estimulado, no desalentado. Estos evangélicos más jóvenes perciben cada vez más a la comunidad LGBTQ en el marco de la ideología de la justicia social, como una comunidad marginada y oprimida. Los opresores malignos son los que sostienen una mentalidad bíblica sobre el matrimonio y la sexualidad. Amar al prójimo LGBTQ significa aceptar sus ideas sobre la sexualidad y su demanda de plena «igualdad matrimonial».

Rachel Held Evans se apartó de la Iglesia evangélica en cuanto a estas cuestiones. Escribió: «Les expliqué que cuando nuestros amigos gais, lesbianas, bisexuales o transexuales no son recibidos a la mesa, nosotros tampoco lo somos, y que no todos los jóvenes adultos se casan o tienen hijos, de manera que tenemos que dejar de establecer las iglesias en torno a categorías y establecerlas en torno a la gente».[10] ¿Quién no quiere ser «acogedor»?

Raza

En los años siguientes al colapso económico de 2007-2010, a causa de las hipotecas de alto riesgo, salió a la luz una nueva generación de líderes evangélicos «condescendientes», defendiendo esta vez el antirracismo, y denunciando los males sociales de la primacía «blanca», la fragilidad «blanca» y el privilegio «blanco». Su surgimiento fue acompañado de una serie de eventos que estremecieron la cultura, como el abatimiento de Trayvon Martin por George Zimmerman en Florida, el auge del movimiento #BlacksLivesMatters en 2013, y los disturbios raciales de 2014 en Ferguson, Missouri, en vísperas del fatal tiroteo que causó la muerte de Michael Brown.

El racismo es un mal grande y omnipresente. Como seguidores de Jesús, tenemos el deber de combatirlo en todas sus terribles formas. Probablemente todos los cristianos estén de acuerdo en esto. El problema radica en que ya no estamos de acuerdo sobre qué es el

---

10. Rachel Held Evans, *Searching for Sunday: Loving, Leaving, and Finding the Church* (Nashville: Thomas Nelson, 2015).

racismo. Algunos afirman que es «prejuicio más poder» que solo se aplica a los blancos en virtud de su monopolio del poder cultural. Otros sostienen la definición que se encuentra en el Diccionario Merriam Webster: «La creencia de que la raza es el principal determinante de los rasgos y capacidades humanos y que las diferencias raciales producen una superioridad inherente de una raza en particular».[11]

Estas son definiciones muy diferentes. Si uno se aferra a la primera, los blancos son, por definición, opresores racistas debido a los privilegios inmerecidos que poseen basados en su supuesto poder cultural. Negar esto solo prueba un racismo inconsciente. Solo puede reconocerse, confesarse y lamentarse.

Si sostiene la segunda definición de racismo, entonces la primera definición es, en sí misma, racista. Agrupa a las personas en función del color de su piel y las problematiza, lo que implica que todas están teñidas de la culpa del racismo, lo sepan o no. Douglas Murray define esto como «racismo antirracista».[12] Esta definición, arraigada en la teoría crítica de la raza y los «estudios de la blancura», exacerba la hostilidad racial al juzgar a millones de personas en función de su apariencia exterior.

Estas dos definiciones forman parte de dos narrativas más amplias y conflictivas sobre la raza en Estados Unidos. Comprender estas narrativas es clave para comprender el clima racial altamente cargado en el que nos encontramos. Ambas narrativas tienen raíces en la comunidad negra. Ambas tienen campeones negros históricos y actuales.

La narrativa revolucionaria

Examinemos el perfil de estas dos narrativas. Llamaré a una la *Narrativa Revolucionaria*. Sostiene que los sistemas e instituciones sociales, culturales y económicos existentes están tan corrompidos por el racismo que no hay posibilidad de reforma. Necesitan ser arrancados, raíz y rama, para dar paso a un nuevo orden.

La narrativa revolucionaria surge de los supuestos de la justicia social ideológica. Es, sin lugar a dudas, la narrativa racial dominante

11. "racism." Merriam-Webster.com. 2020 https://www.merrian-webster.com (June 3, 2020).
12. Douglas Murray, *The Madness of Crowds: Gender, Race and Identity* (London: Bloomsbury Continium 2019),127. La masa enfurecida. Como las políticas de identidad llevaron al mundo a la locura (Barcelona, Península 2020).

en Estados Unidos hoy. Se enseña de manera excluyente en nuestras escuelas y universidades públicas, y se promueve agresivamente a través de los medios sociales y tradicionales, el entretenimiento, las grandes empresas y, cada vez más, a través de las iglesias e instituciones evangélicas.

Históricamente, las versiones de la Narrativa Revolucionaria fueron defendidas por personas como W. E. B. Du Bois, James Baldwin, Elijah Muhammad, Malcolm X y James H. Cone. Entre los divulgadores contemporáneos figuran Michelle Alexander, autora de *The New Jim Crow;* Ta-Nehisi Coates,ensayista del *Atlantic;* teóricos críticos populares de la raza como Robin DiAngelo, autor de *White Fragility,* Barbara Applebaum, autora de *Being White, Being Good* e Ibram X. Kendi, autor de *How to Be An Antiracist;* Louis Farrakhan, activista político y líder de la Nación del Islam, y los fundadores de Black Lives Matter, Alicia Garza, Opal Tometi y Patrisse Cullors, por nombrar solo algunos.

He aquí, en líneas generales, un resumen de la Narrativa Revolucionaria:

- Se debe enfatizar la injusticia sistémica y el racismo institucional. Los problemas que enfrentan las personas negras tienen su origen fuera de su comunidad, en la sociedad en general, y son atribuibles a la esclavitud histórica y la opresión blanca sistémica y generalizada.
- Para que ocurra un cambio positivo en la comunidad negra, la gente blanca tiene que cambiar. Necesitan reconocer los «privilegios de los blancos», confesar su complicidad en la opresión sistémica, transferir poder y recursos a los negros, y no defenderse, lo que no haría más que empeorar las cosas demostrando su «fragilidad blanca».
- Los principales problemas a los que enfrenta la comunidad negra son los niveles casi genocidas de brutalidad policial y un sistema de justicia penal sistémicamente racista. El sistema de justicia penal es «el nuevo Jim Crow», como demuestra el hecho de que las tasas de arrestos y encarcelamientos de las personas negras son muy superiores a las de las blancas, en comparación con su porcentaje de población general.
- Estados Unidos, desde sus orígenes, es una nación fundamentalmente racista. De hecho, la esencia misma de Estados Unidos

no es la libertad, sino la opresión. El ensayista Andrew Sullivan lo expresa así: «Todos los ideales sobre la libertad individual, la libertad religiosa, los límites del gobierno y la igualdad de todos los seres humanos son una falsedad para encubrir, justificar y afianzar la esclavitud de los seres humanos bajo la ficción de la raza».[13] En última instancia, la única forma en que puede tener lugar el cambio es desenmascarar, de-construir y desmantelar estos sistemas.

- El «daltonismo» es un sentimiento racista. Los que usan esta palabra simplemente demuestran su insensibilidad a la opresión, violencia y discriminación que enfrentan los negros. Necesitamos ser más conscientes del color de nuestra piel, no menos, más conscientes de la forma en que la raza nos divide, no menos.
- El racismo reside casi por completo en la derecha política. El Partido Republicano está profundamente manchado por la xenofobia, la intolerancia y la supremacía blanca, mientras que el Partido Demócrata defiende los derechos civiles. «Los demócratas acumulan una dilatada y orgullosa historia en la defensa de los derechos civiles y el desarrollo de oportunidades para todos los estadounidenses [incluido el apoyo a] la Ley de Derechos Civiles de 1964».[14]
- #BlackLivesMatter, y su defensa contra la brutalidad policial desenfrenada, es el movimiento más importante de derechos civiles en Estados Unidos hoy.

La narrativa de la conservación

Si bien la Narrativa Revolucionaria domina actualmente nuestro discurso racial, existe otra narrativa que no recibe tanta atención. Muchas menos personas conocen su esquema general o sus defensores más destacados. La llamaré *Narrativa de la Conservación*. Afirma la bondad de los principios fundacionales de Estados Unidos y trata de preservarlos mejorando continuamente nuestros sistemas e instituciones para reflejar más perfectamente estos principios.

Como la Narrativa Revolucionaria, la Narrativa de la Conservación tiene raíces profundas en la comunidad negra. Algunas de sus

---

13. Andrew Sullivan "Is There Still Room for Debate?" New York Intelligencer, June 12, 2020, https://mymag.com/inteligencer/2020/06/andrew-sullivan-is-there-still-room-for-debate.html.
14. "Civil Rights" Democrats.org, July 2, 2020, https://democrats.org/where-we-stand/the-issues/civil-rights/.

formas fueron históricamente defendidas por personas como Frederick Douglass, Booker T. Washington, George Washington Carver, Jackie Robinson y Jessie Owens. Quizás se exprese de manera más emotiva en el famoso discurso «Tengo un sueño» de Martin Luther King Jr.

Sus defensores más fervientes son hoy los negros. Entre ellos se encuentran el juez de la Corte Suprema Clarence Thomas, el ex asesor presidencial Robert Woodson, los economistas Thomas Sowell y Walter Williams, el autor conservador Shelby Steele, la ex secretaria de Estado Condoleezza Rice, la profesora de ciencias políticas de Vanderbilt Carol Swain, el senador de Carolina del Sur Tim Scott, el neurocirujano Ben Carson, la autora y activista Alveda King, famoso locutor de radio Larry Elder, el columnista del Wall Street Journal Jason Riley, la crítica cultural Candace Owens, el artista Kanye West, el economista y autor de Harvard Glenn Loury y el activista pro-vida Ryan Bomberger, por nombrar algunos.

He aquí, en líneas generales, un resumen de la Narrativa de la Conservación:

- Se debe enfatizar la elección y la responsabilidad personal, y el mal debe considerarse en primer lugar enraizado en los corazones y mentes humanos antes de manifestarse en la sociedad. Si bien el racismo blanco persiste, está lejos de ser el mayor desafío al que se enfrenta la comunidad negra. Los desafíos de la comunidad negra pueden superarse no dependiendo de las acciones de los blancos, sino de las decisiones y acciones de los mismos negros.

- Los principales desafíos a los que se enfrenta la comunidad negra en la actualidad son los siguientes: (1) La devastación de la familia negra: la tasa de nacimientos fuera del matrimonio en la comunidad negra pasó del 35 por ciento en 1970 al 72 por ciento en la actualidad.[15] Esto ha ocasionado varias generaciones de jóvenes negros huérfanos y alienados que recurren a las pandillas y la actividad delictiva. (2) Aborto: desde el fallo de la Corte Suprema Roe v. Wade de 1973, 19 millones de bebés

---

15. Robert VerBruggen, "Trends in Unmarried Childbearing Point to a Coming Apart," Institute for Family Studies, February 20, 2018, https://lifstudies.org/blog/trends-in-unmarried-childbearing-point-to-a-coming-apart.

negros han sido abortados en EE. UU.[16] (3) Sistemas educativos: demasiados jóvenes negros están atrapados en centros escolares que fracasan y no tienen acceso a otras opciones que mejorarían sus oportunidades educativas.

- La destrucción de la familia negra es en gran parte atribuible al surgimiento del moderno estado de bienestar. Los economistas negros Walter Williams y Thomas Sowell argumentan que la expansión significativa del bienestar federal bajo los programas de la Gran Sociedad a partir de la década de 1960 ha contribuido a la destrucción de familias afroamericanas. Según Sowell, «la familia negra, que había sobrevivido a siglos de esclavitud y discriminación, comenzó a desintegrarse rápidamente en el estado de bienestar liberal que subsidiaba el embarazo fuera del matrimonio y cambiaba la idea del bienestar de un rescate de emergencia a una forma de vida»[17].

- Estados Unidos tiene una historia trágica de opresión racial y esclavitud. No obstante, nuestros principios fundacionales en la Declaración de Independencia («todos los hombres son creados iguales y están dotados por su Creador de ciertos derechos inalienables») condujeron a la erradicación definitiva de la esclavitud y a un progreso significativo de la igualdad racial. Estados Unidos es actualmente uno de los países menos racistas del mundo y una tierra de oportunidades para gentes de cualquier origen étnico, razón por la cual siguen llegando al país grandes cantidades de inmigrantes, incluidos muchos de piel negra y morena.

- El «daltonismo» es un logro cultural que debe celebrarse, ya que nos libera del flagelo del tribalismo. En lugar de generalizar y agrupar a las personas en función del color de la piel, ser «daltónico» significa que uno ve a las personas ante todo como individuos únicos y agentes morales libres. Este era el famoso sueño de Martin Luther King Jr.: que sus hijos no fueran juzgados por el color de su piel, sino por la calidad de su carácter.

- Históricamente, el racismo en Estados Unidos fue perpetuado principalmente por la izquierda política. El Partido Demócrata defendió la esclavitud, inició la Guerra Civil, se opuso a la

---

16. Black Walman "Abortion" The Overllooked Tragical fo Black Americans," Arizona Capitol Times, February 25, 2020, https//www.azcapitoltimes.com/news/2020/02/25/abortion-the-overlooked-tragical-for-black-americans/.
17. African-American Family Structure (July 2, 2020). In Wikkipedia. https//en.wikkipedia.org/wiki-African-American_family_structure.

Reconstrucción, fundó el Ku Klux Klan, impuso la segregación, perpetró linchamientos y luchó contra las leyes de derechos civiles de los años cincuenta y sesenta.

- #BlackLivesMatter es una organización revolucionaria neo-marxista radical que trata de exacerbar las tensiones raciales como medio para fomentar la revolución social, cultural y económica.

Evaluación de la dos narrativas

Como todas las narrativas, ambas pueden contener verdad. *Pero esto no quiere decir que ambas sean igualmente ciertas.* ¿Cómo respondemos los cristianos a estas dos narrativas?

El instinto primario de muchos cristianos sinceros, cuando se les presenta estas dos visiones alternativas de la raza en Estados Unidos, es permanecer neutrales, o tratar de encontrar un término medio. Muchos cristianos blancos, movidos por el justo deseo de entablar relaciones con los de la comunidad negra, terminan apoyando la Narrativa Revolucionaria como parte del proceso.

Ambos motivos son comprensibles y bienintencionados. Pero como cristianos, estamos principalmente obligados a la verdad y el amor. Esto significa que tenemos que evaluar las narrativas esmeradamente. Tenemos que afirmar lo que es bueno y verdadero y rechazar lo que es falso y destructivo.

En mi examen continuo de estas narrativas, creo que la Narrativa de la Conservación es mucho más veraz y acarreará muchos mejores resultados para la comunidad negra. Reconozco que muchos cristianos con conciencia limpia estarán en total desacuerdo conmigo y agradecería cualquier oportunidad para dialogar, ser desafiado y aprender. Estos son los asuntos que he considerado y cómo he llegado a esta conclusión:

Naturaleza humana

La Narrativa Revolucionaria tiene sus raíces en el victimismo. El mensaje básico para los estadounidenses negros es éste: no importa cuánto te esfuerces, estás destinado al fracaso porque una amplia gama de estructuras y sistemas racistas actúan en contra tuya. El mensaje para los estadounidenses blancos es el siguiente: en virtud del color de tu piel eres culpable de beneficiarte de estos mismos sistemas, te des cuenta o no. Es un mensaje desalentador para los negros, inductor de culpa en los blancos, y que solo exacerba las tensiones raciales. Personalmente, creo que toda narrativa que invite a las personas a sustentar agravios hacia personas de distinto color de piel es una narrativa horrible.

El mensaje básico de la Narrativa de la Conservación es mucho más veraz con respecto a la naturaleza humana. El ensayista Andrew Sullivan comenta:«Ningún grupo racial es homogéneo y cada individuo tiene capacidad de actuar. Nadie es enteramente una víctima ni un privilegiado absoluto».[18]

La Narrativa de la Conservación asegura a los jóvenes negros: En los Estados Unidos de hoy, si te gradúas en la escuela secundaria, consigues un trabajo y esperas hasta casarte para tener hijos, estarás bien encaminado hacia una vida fructífera y floreciente, y puedes tomar estas decisiones sin importar lo que los blancos hagan o dejen de hacer. Este es un mensaje habilitador y unificador.

Brutalidad policial

La Narrativa Revolucionaria utiliza un lenguaje catastrófico e hiperbólico para describir la brutalidad policial. Sus defensores más influyentes calumnian habitualmente a la policía, les llaman «asesinos»[19] que «cazan»[20] personas negras y perpetúan el «genocidio»[21] contra ellos.

La policía, como todos los seres humanos caídos, está lejos de ser perfecta. Hay policías malos, y cuando cometen actos delictivos

---

18.   Andrew Sullivan "Is There Still Room for Debate?" New York Intelligencer, June 12, 2020, https://mymag.com/inteligencer/2020/06/andrew-sullivan-is-there-still-room-for-debate.html.

19.   Dakota Smith and David Zahniser, "LA police union, angry over Garcetti's 'killer' comment, calls mayor 'unstable," Los Angeles Times, June 5,2020, https//www.heraldmailmedia.com/news/national/la-police-union-angry-over-garcetti-s-killers-comment-calls-mayor-unstable/article_27c3b685-35ac-58d2-8c10-f68fcc0b99a3.html.

20.   Steven W. Thrasher, "Police Hunt and Kill Black People Like Philando Castile. There's no Justice," The Guardian US Edition June 19,2017, https://www.theguardian.com/commentisfree/2017/june/19/philando-castille-police-violence-black-americans.

21.   Ben Crump "I Believe Black American Face a Genocide. Here's Why I Choose That Word," The Guardian US Edition, November 15, 2019, https//www.theguardian.com/commentisfree/2019/nov/15/black-american-genocide-open-season.

violentos, todas las personas de buena conciencia, incluida la mayor parte de los policías, exigen que se les haga rendir cuentas. Hay un acuerdo generalizado sobre estos puntos. Pero esto no es suficiente para los defensores de la Narrativa Revolucionaria. Para ellos, el problema no radica en algún policía en particular, sino que el sistema policial en su conjunto está envenenado por el racismo institucional.

Gran cantidad de datos sobre el uso de la violencia por parte de la policía contra los negros nos permite examinar la veracidad de esta afirmación, y resulta que la evidencia no respalda la acusación. En 2019, según la base de datos del Washington Post sobre tiroteos policiales, en una nación de 330 millones de personas, un total de catorce estadounidenses negros desarmados fueron asesinados a tiros por la policía.[22] Y no eran transeúntes inocentes. La mayoría de ellos atacó a los agentes de policía en el momento en que les dispararon.

No se me malentienda, catorce vidas perdidas por causa de la brutalidad policial son demasiadas. Cada vida es preciosa sin medida. Pero esto no es una prueba de racismo policial sistémico, y menos aún de genocidio. La realidad actual es que es mucho más probable que un oficial de policía sea asesinado por un hombre negro que un hombre negro desarmado lo sea por un oficial de policía.[23]

Trágicamente, no obstante, el mito de que la propia policía es una amenaza para los negros ha arraigado profundamente en la comunidad negra. Muchos lo creen sinceramente. Cada interacción que tienen con la policía se mira a través de este prisma. Como resultado de ello, ahora existe un miedo y una desconfianza profundamente arraigados entre muchos miembros de la comunidad negra y la policía. Esto en sí mismo es un problema que debe ser abordado. Los cristianos deben sentir empatía por las experiencias que los negros tienen con la policía. Debemos escuchar y tratar de comprender, pero no debemos perpetuar un mito. Afirmar creencias falsas no es un acto de amor.

---

22. This was the number listed on May 1,2020. https://www.washingtonpost.com/ghrapics/2019/national/police-shootings-2019/.

23. Peter Kirsanow, "Frames for False Narratives," National Review, June 4, 2020, https//www.nationalreview.com/corner/flamer-for-false-narrative/.

El sistema de justicia penal

La Narrativa Revolucionaria acusa al sistema de justicia penal en su conjunto de ser estructuralmente racista. Basa este extremo en el hecho de que más personas negras son arrestadas, acusadas y condenadas que personas blancas, en comparación con el porcentaje de población general. Pero este análisis es erróneo y engañoso. Ignora por completo las tasas de criminalidad relativamente altas en la comunidad negra que causan niveles más altos de arresto y encarcelamiento. La tasa de delitos graves y violentos que cometen los estadounidenses negros es tres veces superior al porcentaje de población que representan. Por ejemplo, aunque los negros constituyen el 12 por ciento de la población, cometen regularmente más de la mitad de todos los homicidios.

No siempre fue así. En la década de 1950, los negros cometieron menos delitos que los blancos según su porcentaje de población. Los negros también registraban tasas de natalidad fuera del matrimonio más bajas que los blancos.[24] El aumento de la delincuencia en la comunidad negra va acompañado del colapso de la familia negra a partir de los años sesenta y setenta. Las tasas de criminalidad aumentan a medida que se erosiona la capacidad de autogobierno. Esta obviedad es aplicable a todas las personas independientemente de su color de piel. El autogobierno no es algo natural. Ha de ser inculcado y las principales instituciones que lo inculcan son la familia, la Iglesia y la escuela. Desde la década de 1960, estas tres instituciones se han erosionado en la comunidad negra, especialmente la familia y la escuela. Para ayudar verdaderamente a la población negra, esta tendencia debe revertirse. Según la Narrativa de la Conservación, las instituciones vitales que imparten la virtud del autogobierno deben ser fortalecidas.

Aborto

La causa principal de muerte violenta en la comunidad negra es, con mucho, el aborto. Si hay «genocidio», es precisamente el aborto. Los

---

24. Jan Jekelek, "How The Tragic Killing of George Floyd Has Been Exploited," The Epoch Tmes, June 6, 2020, https//www.theepochtimes.com/how-the-tragic-killing-of-george-floys-has-been-exploited-bob-woodson_3379519.html.

defensores más influyentes de la Narrativa Revolucionaria ignoran esto y, de hecho, exigen que el asesinato legalizado de niños negros se extienda. Esto de por sí debería evitar que los cristianos lo apoyen.

Los Estados Unidos

Como cristianos, nuestro acercamiento a la historia debe basarse en la verdad. Debemos permitir que la historia nos guíe. No podemos manipularla y distorsionarla para promover una agenda particular. Centrarse exclusivamente en un aspecto de la historia —lo bueno o lo malo— es perpetuar una mentira.

Como era de esperar, la Narrativa Revolucionaria, tipificada por el Proyecto 1619 del *New York Times*, hace precisamente eso. Según esta narrativa, Estados Unidos se fundó sobre principios que perpetúan la supremacía masculina blanca. Es conocido principalmente por su racismo blanco sistémico, esclavitud, codicia, opresión patriarcal de las mujeres y trato genocida de los pueblos nativos. Este tipo de manipulación de la historia es típico de muchos movimientos revolucionarios, pero es una táctica despreciable.

La Narrativa de la Conservación también presta atención a la trágica historia de opresión racial y esclavitud en Estados Unidos, pero también se centra en lo bueno, contando así una historia mucho más veraz. Enseña que los principios fundacionales de la Declaración de Independencia hicieron posible la definitiva erradicación de la esclavitud. Si bien el racismo y la esclavitud han sido un factor común de todas las naciones a lo largo de la historia de la humanidad, lo que hace que Estados Unidos sea único es nuestra respuesta a estos males. Acabamos con la esclavitud y hemos progresado considerablemente abordando el racismo manifiesto, eliminando barreras a la igualdad de oportunidades y reconociendo la sensibilidad racial de las minorías.

Hay muchas etapas de nuestra historia que debemos enseñar a nuestros hijos para que se sientan orgullosos. Sin embargo, la Narrativa Revolucionaria o blanquea lo bueno de los libros de historia o lo minimiza. He aquí algunos ejemplos de cosas que podemos celebrar:

- La primera sociedad organizada del mundo contra la esclavitud se formó en Pensilvania en 1774.
- La primera prohibición legal de la esclavitud en el mundo tuvo lugar en Vermont en 1777.
- Cinco de los trece estados originales siguieron su ejemplo durante o inmediatamente después de la Revolución, adoptando prohibiciones sobre la esclavitud entre 1780 y 1784.
- La primera prohibición federal de la esclavitud, en el Territorio del Noroeste, fue redactada en 1784 por Thomas Jefferson y aprobada por el Congreso de la Confederación en 1787. Su lenguaje se adoptaría más tarde directamente en la Decimotercera Enmienda.
- El Congreso prohibió la trata de esclavos cuando fue posible, en 1807, ante la insistencia del presidente Jefferson.
- La esclavitud fue finalmente abolida después de una sangrienta guerra civil en la que murieron miles de personas blancas para acabar con esa malvada institución.
- Se logró un progreso significativo en la igualdad racial a través del movimiento de derechos civiles de los años cincuenta y sesenta.
- Elegimos al primer presidente negro en 2009 y gobernó durante dos mandatos. El país celebró este hito, aun aquellos que no votaron a Barak Obama por causa de sus convicciones políticas.

Si la opresión sistémica blanca está entretejida en el tejido mismo de Estados Unidos, Andrew Sullivan se pregunta:

> ¿Qué explicación cabe dar del crecimiento histórico de una clase media y alta negra, los logros obtenidos por las mujeres negras en la educación y lugares de trabajo, una venerada presidenta negra durante dos mandatos, una intelectualidad negra próspera, alcaldes y gobernadores negros exitosos y miembros del Congreso, y una cultura popular y selecta marcadamente definida por la experiencia afroamericana? ¿Qué puede explicar el hecho de que los inmigrantes no blancos estén alcanzando rápidamente a los blancos en ingresos y. . . algunos grupos minoritarios superen actualmente a los blancos?[25]

---

25.   Andrew Sullivan "Is There Still Room for Debate?" New York Intelligencer, June 12, 2020, https://mymag.com/inteligencer/2020/06/andrew-sullivan-is-there-still-room-for-debate.html.

Racismo a la izquierda y a la derecha

Los divulgadores de la Narrativa Revolucionaria culpan casi en su totalidad de la perpetuación de la supremacía blanca a la derecha política. Esto es completamente falso. Considere los siguientes hechos:

- El Partido Republicano fue fundado en 1854 como un partido antiesclavista. Su misión consistió en detener la expansión de la esclavitud por los nuevos territorios occidentales con objeto de abolirla por completo.
- En el infame caso ante la Corte Suprema de Dred Scott contra Sandford, el tribunal dictaminó que los esclavos no eran ciudadanos; eran propiedad. Los siete jueces que votaron a favor de la esclavitud eran todos demócratas; los dos magistrados que discreparon eran ambos republicanos.
- Durante la época de la Reconstrucción, cientos de hombres negros fueron elegidos para las legislaturas estatales del sur como republicanos, y veintidós republicanos negros se sentaban en el Congreso de Estados Unidos en 1900. Los demócratas no eligieron a un hombre negro para el Congreso hasta 1935.
- Después de la Reconstrucción, fueron los demócratas del sur los que promulgaron leyes que restringían la capacidad de los negros de poseer propiedades y administrar negocios. E impusieron impuestos electorales y pruebas de alfabetización para subvertir el derecho al voto de los ciudadanos negros.
- El Ku Klux Klan fue fundado por un demócrata, Nathan Bedford Forrest.
- El presidente Woodrow Wilson, un demócrata, fue profundamente racista. Volvió a segregar muchas agencias federales y apoyó políticas eugenésicas contra los negros.
- Margaret Sanger, progresista de extrema izquierda, fue eugenista racista y fundadora de Planned Parenthood. Su movimiento anticonceptivo y de aborto tardío ha provocado la muerte de más vidas negras en Estados Unidos de las que murieron durante la esclavitud.
- Jesse Owens, acérrimo republicano, ganó cuatro medallas de oro en los Juegos Olímpicos de Berlín de 1936, pero fue rechazado por el presidente demócrata Franklin Roosevelt. Roosevelt solo invitó atletas olímpicos blancos a visitar la Casa Blanca.

- La única oposición seria del Congreso a la Ley de Derechos Civiles de 1964 provino de los demócratas. El ochenta por ciento de los republicanos en el Congreso apoyó el proyecto de ley. Los senadores demócratas obstruyeron el proyecto de ley durante setenta y cinco días.

¿Por qué, pues, una mayoría abrumadora de negros apoya hoy al Partido Demócrata? Los defensores de la Narrativa de la Conservación ofrecen una respuesta sencilla: los planes gubernamentales masivos de asistencia social han originado una debilitante dependencia de millones de estadounidenses negros del gobierno. Los demócratas apoyan estos planes, por lo que un voto por el Partido Demócrata supone un voto para mantener el flujo de dinero.

No me propongo aquí acusar a los cristianos que apoyan al Partido Demócrata. Conozco a muchos y los respeto. Lo que pretendo es desafiar la narrativa predominante sobre este tema.

#BlackLivesMatter (Las vidas negras importan)

Por supuesto, como cristianos estamos de acuerdo en que las vidas de los negros son importantes. Al mismo tiempo, hemos de reconocer que la organización que lleva este nombre es muy discriminatoria en su defensa de las vidas de los negros. Resulta que, para ellos, sólo unos pocos, muy escogidos, importan, a saber, las víctimas de la brutalidad policial blanca. Cuando se trata de las *siguientes* vidas negras, la organización *Black Lives Matter* guarda completo silencio:

- Los millones de vidas negras inocentes apagadas mediante el aborto legalizado
- El terrible número de negros asesinados, día tras día, como resultado de la violencia en el centro de las ciudades que provocan las pandillas
- Los muchos policías negros asesinados en acto de servicio
- Los muchos niños negros consignados a escuelas que fracasan, sin opciones para mejorar sus oportunidades educativas

Dado esto, ¿no deberíamos cuestionarnos si la organización *Black Lives Matter* realmente se preocupa por las vidas de los negros? No es difícil obtener información precisa sobre lo que representa. Solo se necesitan unos minutos para revisar su sitio web, blacklivesmatter.com, y ver sus principales fuentes de financiación. No cabe duda de que es un grupo de choque, revolucionario, de extrema izquierda que aprovecha cínicamente las tensiones raciales para promover su agenda revolucionaria. He aquí hay algunas cosas por las que aboga abiertamente:

- La abolición de la familia —madres y padres— sustituida por una forma de comuna en la que niños son criados colectivamente. Ésta es la misma política básica que defienden todos los regímenes marxistas.
- Una sociedad que «afirma la excentricidad sexual» y la expansión de los derechos LGBTQ+
- La expansión de los «servicios» abortistas en la comunidad negra
- La abolición del capitalismo de libre mercado, a reemplazar por una forma de colectivismo marxista
- Dejar de financiar a la policía

Sin embargo, muchos cristianos con buena conciencia apoyan las campañas, marchas y protestas de *Black Lives Matter* tratando de solidarizarse con los negros y pronunciarse contra del racismo. Deben detenerse a examinar qué es lo que realmente respaldan, qué hay detrás de la ingeniosa marca y astuto marketing de la organización.

Los cristianos que realmente desean que las vidas y comunidades de sus hermanos y hermanas negros florezcan deben considerar prestar apoyo a grupos que trabajan por fortalecer a las familias negras, fortalecer los negocios negros, que abogan por la libre elección de centro escolar y luchan contra el flagelo del aborto en la comunidad negra; grupos como el Woodson Center (www.WoodsonCenter.org); la Fundación Radiance (www.TheRadianceFoundation.org); o la Federación Estadounidense por los Niños, organización que defiende la libre elección de centro escolar (www.FederationForChildren.org).

Estos grupos, y muchos otros como ellos, prácticamente no reciben atención en los principales medios de comunicación y muy poca en las redes sociales. A diferencia de *Black Lives Matter*, carecen de ingentes presupuestos publicitarios financiados por multimillonarios de extrema izquierda, como George Soros y entidades como la Fundación Tides. No reciben el respaldo entusiasta de gran número de grandes corporaciones, asociaciones deportivas y celebridades, como recibe *Black Lives Matter*. Las soluciones habilitantes que promueven merecen el apoyo de la comunidad cristiana mucho más que *Black Lives Matter*.

Tácticas

Los defensores agudamente agresivos de la Narrativa Revolucionaria emplean tácticas muy similares a las utilizadas en el pasado por los revolucionarios marxistas. Asumen que su narrativa es sacrosanta. No se puede hacer ni decir nada que la cuestione, y ¡ay de aquél que lo intente! Y si uno elige no defenderla, también será considerado cómplice del racismo.

Cualquiera que disienta de tal narrativa puede esperar ser denunciado como racista e inmediatamente acosado, avergonzado, intimidado, amenazado o despedido. Los defensores de la Narrativa Revolucionaria tienen poco interés en participar en un debate abierto y libre. Quieren sumiso acatamiento. La expresión simbólica doblar la rodilla define perfectamente la Narrativa Revolucionaria en su conjunto.

Como seguidores de Cristo, no debemos tener nada que ver con estas despreciables tácticas de acoso e intimidación, y no debemos apoyar a quienes las practican. Evocan espeluznantemente a la Revolución cultural de Mao. Debemos seguir siendo un pueblo comprometido con la civilidad, el respeto, el debate y el diálogo libre y abierto en la búsqueda de la verdad.

La iglesia despierta

Los defensores negros más apasionados de la Narrativa Revolucionaria, antes y ahora, son no cristianos o cristianos nominales. Por el contrario, la gran mayoría de los defensores negros de la Narrativa de la Conservación son cristianos profundamente comprometidos. Por eso, es una grave ironía que tantos líderes y organizaciones evangélicas prominentes presten su apoyo y promuevan la Narrativa Revolucionaria. Un buen ejemplo es el pastor Eric Mason, autor del libro de 2018 *Woke Church: An Urgent Call for Christians in America to Confront Racism and Injustice*.

Mason es una figura impresionante. Es fundador y pastor afroamericano de la Epiphany Fellowship en Filadelfia, donde participa activamente en la fundación de iglesias y en varios ministerios dignos del centro de la ciudad. Obtuvo su maestría en teología en el Seminario Teológico de Dallas y su doctorado en el Seminario Teológico Gordon Conwell. Su libro recibió el respaldo de luminarias evangélicas como John Perkins, Ligon Duncan y Tony Evans.

Leyendo el libro de Mason hallé muchos pasajes con los que concuerdo plenamente y me identifico con su enseñanza y su sentir. En muchos lugares, suena sólidamente bíblico y, sorprendentemente —dado el título de su libro—, afirma gran parte de la Narrativa de la Conservación dormida. Por ejemplo:

- afirma una forma de pensar ciega al color: «Deberíamos sentirnos más cómodos en casa con la gente que compone la familia cristiana que con nuestra propia etnia. . . . Me entristece constatar que a menudo nos tratamos como si fuéramos de distintos linajes».[26] «Mi sueño es que extendamos los brazos como verdaderos hermanos y hermanas. . . . Tenemos que mirarnos uno a otro y decirnos: "Ustedes son mi familia"».[27]
- expresa una pasión por el evangelio como vanguardia del cambio social: «Jesús sigue siendo la respuesta para el mundo actual. Pido a Dios que haga que nuestras almas se vuelvan a Él. . . Necesitamos su ayuda, en primer lugar, para no olvidar el evangelio. Le necesitamos para que nos ayude a no olvidar la centralidad de Jesús, el poder de la cruz y el poder de la resurrección para salvar y transformar las almas».[28]

---

26. Eric Manson, Woke Church: A Christian Call in America to Confront Racism and Injustice, (Chicago Moody 2018), 66.
27. Ibid
28. Ibid

- enfatiza la responsabilidad y el servicio cristiano: «Debemos ser conocidos por nuestra obediencia y disposición a hacer el bien a los demás. No debemos ser contenciosos. Debemos ser personas atentas y amables. . . Comienza por el carácter. . . Debemos alcanzar la comunidad y atender a las necesidades de los demás».[29]
- desea ir más allá de las virtudes externas y marcar la diferencia: «En su libro *The Woke Church* es consciente de las necesidades urgentes de la comunidad y hace más que meramente hablar de ellas. Reúne sus fuerzas para marcar la diferencia».[30] Esto llevó a su iglesia a la enseñanza de la educación sexual basada en la Biblia.
- enfatiza la educación: «Nuestros jóvenes son nuestro mayor tesoro y responsabilidad. Todos deben recibir una educación de calidad».[31]
- enfatiza la familia: «La familia es la base de nuestras comunidades. . . La iglesia debe ser un centro de capacitación familiar»[32].

Pero tocante a cuestiones raciales, mayormente repite los tópicos de la Narrativa Revolucionaria, contradiciendo a menudo lo expresado en otras partes del libro. Por ejemplo:

- usa regularmente el léxico de la Narrativa Revolucionaria, como «opresión estructural» y «privilegio».[33]
- explica a su hijo que «su gente» no son tanto los cristianos, o los estadounidenses, sino las personas de piel negra.[34]
- sugiere que las circunstancias más peligrosas a las que se enfrentan los jóvenes negros en Estados Unidos son los encontronazos con la policía.[35]
- le preocupa que si los cristianos blancos y los negros se reunieran en la misma congregación, los blancos «encuentren una manera de subyugar a los negros y les hagan depender de ellos».[36]

29. Ibid
30. Ibid
31. Ibid
32. Ibid
33. Ibid
34. Ibid
35. Ibid
36. Ibid

- proporciona una lista de cosas que los cristianos deben lamentar, pero, sin embargo, no figuran en su lista los millones de niños negros no nacidos abortados violentamente desde 1972.
- menosprecia la idea del «daltonismo» y sugiere que es anticristiana.[37]
- acepta la exageración común entre los defensores de la Narrativa Revolucionaria, afirmando que en los Estados Unidos de hoy, «las vidas de los negros son sistemática e intencionalmente objeto de extinción», y que los negros se enfrentan a una «opresión fatal». No respalda estas afirmaciones con pruebas.[38]
- elogia a la organización Black Lives Matter por representar «la voz de la dignidad negra» y hubiera deseado que la iglesia fundara este movimiento, pero no hace ningún esfuerzo por explicar las raíces marxistas de la organización o las políticas radicalmente anti-bíblicas que apoya.[39]
- retrata la historia de Estados Unidos bajo una luz constantemente negativa al centrarse en las formas en que la esclavitud y el racismo sistémico siguen influyendo en las vidas de los estadounidenses negros, pero no expresa gratitud por el increíble progreso que Estados Unidos ha hecho para superar la esclavitud o la discriminación racial.
- apoya los puntos de vista de W. E. B. Du Bois,[40] y ubica divulgadores de la Narrativa Revolucionaria, como Michelle Alexander,[41] pero no menciona a héroes negros como George Washington Carver, cristiano profundamente comprometido, o cualquier otro partidario histórico de la Narrativa de la Conservación.

Mason es un prominente líder evangélico, al parecer con un pie en el cristianismo bíblico e histórico y otro en la justicia social ideológica, y está lejos de ser el único. La lista de destacados líderes, pastores y organizaciones evangélicas que

---

37. Ibid
38. Ibid
39. Ibid
40. Ibid
41. Ibid

siguen esta misma tendencia es larga y creciente.[42] Y estos líderes están influyendo en la generación emergente de pastores jóvenes. En una difícil conversación que sostuve con un pastor de unos treinta y tantos años de una influyente iglesia evangélica de Arizona, él me suplicó que confesara mi complicidad con el racismo debido al «poder y los privilegios que tengo y siempre he tenido, porque soy un hombre blanco».

Se supone que la iglesia no debe seguir ciegamente las tendencias culturales dominantes, aunque sean poderosas y cuenten con el apoyo masivo y el respaldo financiero de las élites. Se supone que debe defender y practicar las formas contraculturales del reino de Cristo, ser sal y luz en medio de una cultura cada vez más oscura y caótica. A menos que la iglesia saque su pie del cenagal ideológico de la justicia social y pise firmemente la base sólida de la verdad bíblica, las consecuencias serán devastadoras tanto para la iglesia como para las naciones que existimos para bendecir y servir.

42. Entre otros partidarios evangélicos de la justicia social ideológica figuran Ken Wytsma, pastor principal de la Village Church, en Beaverton, Oregón, fundador de la *Justice Conference* y autor del libro publicado en 2017 *The Myth of Equality: Uncovering the Roots of Justice and Privilege*. En este libro, Wytsma afirma los conceptos de racismo inconsciente, privilegio blanco y teología de la liberación negra. Su reempaquetado de la ideología de la justicia social para una audiencia evangélica le fue encargado por InterVarsity Press. Jessica Hong y Chris McNerney, de The Gospel Coalition, publicaron una entusiasta reseña del libro. Lo calificaron de «lectura esencial para todo cristiano evangélico estadounidense».

Otra defensora evangélica de la teoría crítica de la raza es la Dra. Christena Cleveland, directora del Centro para la Justicia y la Renovación, ex profesora de la Escuela de Teología de la Universidad de Duke. Cleveland es una escritora y oradora prolífica. Uno de sus artículos se titula «Por qué es importante el color de piel de Jesús». En otra parte, Cleveland ha escrito: «Quería sumergirme más profundamente en una exploración intersectorial que examinara tanto la negrura de Dios como la feminidad en la cruz». Christianity Today, revista insignia del movimiento evangélico durante décadas, publica regularmente artículos de la Dra. Cleveland.

Thabiti Anyabwile, pastor de la iglesia Anacostia River, en Washington, DC, y colaborador habitual del sitio web The Gospel Coalition, es otro proponente evangélico de la narrativa racial revolucionaria. Hablando del asesinato de Martin Luther King Jr., Anyabwile declaró: «Mis vecinos blancos y hermanos cristianos pueden comenzar al menos diciendo que sus padres, abuelos y este país son cómplices del asesinato de un hombre que solo predicaba el amor y la justicia». ¿Cómo es que fueron cómplices del asesinato de una persona que la mayoría de ellos ni siquiera conocía? Porque eran blancos. La culpa colectiva basada en el color de la piel no es justicia bíblica, sino justicia social ideológica.

Otra voz evangélica prominente que apoya la teoría crítica de la raza es Latasha Morrison, autora de *Be the Bridge: Pursuing God's Heart for Racial Reconciliation*. Su curso «Blancura 101» enseña a los evangélicos blancos a: «(1) desarrollar su identidad blanca, (2) reconocer su privilegio blanco, (3) superar su fragilidad blanca y (4) reconocer la supremacía blanca». Nada de esto proviene de la Biblia. El origen de todo ello se encuentra en la teoría académica crítica de la raza y los estudios sobre la raza blanca. Y, sin embargo, está siendo promovido por los principales guardianes evangélicos como Christianity Today.

El fruto amargo del conformismo: la desconstrucción de la fe

Ya sea por defecto o intencionalmente, el intento de combinar la teología bíblica con los supuestos de la justicia social ideológica está conduciendo a la angustia. Vale la pena repetir la advertencia de Neil Shenvi: el cristianismo bíblico y la justicia social ideológica son cosmovisiones *incompatibles*. Son diametralmente opuestos en cuestiones de epistemología, naturaleza e identidad humanas, moral y autoridad.

Eric Mason es francamente honesto al confesar sus propias luchas con esta tensión, a la que despertó por primera vez en el seminario. En su libro *The Woke Church* comenta la creciente división entre sus compañeros de estudio blancos, más interesados en la proclamación y conversión del evangelio y más escépticos del «evangelio social».

> Al principio no entendía [el evangelio social], pero después de estudiar a James H. Cone [influyente teólogo de la liberación negra], llegué a comprender lo que esto significaba. Me encontré exegéticamente en casa con mi familia conservadora respecto a las doctrinas de la gracia, pero éticamente en casa con mi familia liberal en cuestiones de raza y de justicia.

Y sigue diciendo:

> Mi hogar teológico en el cristianismo conservador se ha vuelto más confuso a medida que pasan los años. . . En muchos sentidos, tengo un pie sobre el cristianismo conservador y otro sobre el cristianismo liberal.[43]

El «cristianismo liberal» que atrae a Mason, ya sea la variedad principal que hay en la Iglesia Episcopal, o en la Iglesia Unida de Cristo, o en el nuevo «cristianismo progresista», se ajusta plenamente a la justicia social ideológica que adopta los derechos LGBTQ+, el aborto, la tercera ola del feminismo y la teoría crítica de la raza.

No es de extrañar que la confusión de Mason se esté intensificando. Está intentando conjugar dos visiones del mundo

---

43. Mason 116.

incompatibles. Es casi seguro que esto resultará insostenible. Con toda probabilidad, una cederá ante la otra. Para la mayoría —como la fallecida Rachel Held Evans— su fe cristiana perdió, como ha sucedido con un número creciente de famosos pastores y maestros evangélicos del milenio, como Rob Bell, Bart Campolo y Josh Harris.

Una cultura cada vez más posmoderna nos asegura que nosotros, no las Sagradas Escrituras, somos la autoridad suprema. Nosotros determinamos lo que es verdadero y lo que es bueno, e incluso lo que es bueno y verdadero en la propia Biblia. Además de esto, a nuestros jóvenes evangélicos se les enseña de incontables maneras que Estados Unidos, supuesta «nación cristiana», es opresiva, genocida y patriarcal. En una encuesta reciente, dos tercios de los *millennials* (la generación del milenio) creían que Estados Unidos es un país racista y sexista, y cerca del 40 por ciento cree que Estados Unidos figura «entre las sociedades más desiguales del mundo».[44]

¿Es de extrañar que tantos jóvenes cristianos estén «de-construyendo» su fe? Bart Compolo, hijo del conocido maestro evangélico Tony Campolo, admite que la tendencia hacia puntos de vista teológicamente liberales fue «el principio del fin» de su fe:

> Pasé por todas las fases de la herejía. Se empieza por zafarse de la soberanía, después de la autoridad bíblica, luego soy un universalista, luego me caso con personas homosexuales. Al cabo de poco, realmente uno deja de creer que Jesús resucitara de entre los muertos de manera corporal».[45]

¿Por qué condescienden tantos?

No cabe duda de que la justicia social ideológica ha hecho incursiones rápidas y profundas en el corazón mismo del mundo evangélico. Los defensores declarados de la teoría crítica de la raza y la justicia social ideológica enseñan en nuestras universidades y seminarios

---

44. "Shock Reports of Young American Believe U.S. is More 'Racist' Than Other Nation," Flag USA November 1, 2018, https://www.flagusa.org/s/FLAG-Patriotims-Report-11132018pdf.

45. Sam Hailes "Deconstructing Faith: Meet The Evangelicals Who Are Questioning Everything", Premier Christianity, April 2019, https//www.premierchristianity.com/Past-Issues/2019/April-2019/ Descontrusting-faith-Meet-the-evangelical-who-are-questoning-everything.

evangélicos, sus libros son publicados por nuestras editoriales más destacadas y sus artículos divulgados por instituciones muy respetadas como *Christianity Today* y *The Gospel Coalition*. Grupos como InterVarsity y Cru (anteriormente Cruzada Estudiantil para Cristo) les ofrecen plataformas para compartir su mensaje ante gran número de jóvenes evangélicos.

Si bien estas instituciones y organizaciones evangélicas continúan afirmando declaraciones históricas de fe y doctrina, validan simultáneamente los supuestos de la justicia social ideológica adoptando su lenguaje y respaldando sus premisas centrales. ¿Por qué tantos maestros y organizaciones evangélicas influyentes apoyan una ideología claramente antibíblica? Hay varias razones posibles.

Primero, está el elemento engañoso del «caballo de Troya» de esta ideología. Superficialmente defiende cosas que todos los cristianos defienden: la justicia, la igualdad racial, la dignidad de la mujer y el amor hacia los miembros de la comunidad LGBTQ+. Muchos cristianos abrazan la justicia social ideológica porque la perciben como el próximo gran movimiento de derechos civiles.

Para dar a esos líderes cristianos el beneficio de la duda, estoy seguro de que quieren hacer lo correcto. Quieren mostrar compasión por los que sufren. Quieren «llorar con los que lloran». Observan a las víctimas de la injusticia, ven portadores de la imagen de Dios, y anhelan que prevalezca la justicia. De manera que unen fuerzas con organizaciones y movimientos profundamente antibíblicos que aparentan ser bíblicos en la superficie, en su discurso sobre la justicia social, la igualdad, el valor y la dignidad de las «black lives (vidasnegras)». Pero debajo de esa capa de apariencia benigna se esconde una ideología incompatible y profundamente hostil al cristianismo histórico. Demasiados cristianos bien intencionados están cayendo en esta trampa.

Luego está la inmensa presión social que conlleva no afirmar la justicia social ideológica. Sus defensores afirman que, a menos que aceptes plenamente los supuestos de su cosmovisión, no solo estarás equivocado, sino que eres malvado, un fanático racista, sexista y patriarcal. El precio que los guardianes de la cultura exigen para extender su favor es la aceptación total e incuestionable de su ideología. Y, trágicamente, muchos evangélicos parecen dispuestos a pagar ese precio.

Owen Strachan, profesor asociado de teología cristiana en el Seminario Teológico Bautista Midwestern, se opuso enérgicamente a esta tentación:

En las últimas décadas, los evangélicos hemos ansiado la aprobación cultural. Al igual que los más tristes contrincantes de un concurso, anhelamos desesperadamente ser aceptados por la cultura secular. Hemos cambiado nuestra primogenitura santa por un seguidor en Facebook. Nuestra hermenéutica no está motivada por un anonadamiento justo, el temor y el temblor, el honor y la magnificencia de nuestro Dios. Es impulsada por un deseo exacerbado de gustar y ser culturalmente aceptables, de estar *bien informados*. . . La Iglesia no debe ser como un aspirante que imita y se engalana. Debe reconocer. . . que es una contracultura. Somos la ciudad de Dios, la verdadera ciudad.[46]

Como cristianos, nuestra defensa de la justicia debe estar firmemente asentada en los supuestos bíblicos y el rechazo de las asunciones posmodernas, neo-marxistas. Pero si escogemos ir por esta senda, debemos estar dispuestos a ser rechazados, vilipendiados y anulados por los agentes del poder cultural.

Pero quizás, la causa más profunda de que los líderes evangélicos estén abrazando la ideología de la justicia social se remonte a la gran ruptura del cristianismo estadounidense a principios del siglo XX, cuando tanto el protestantismo tradicional como el fundamentalista abandonaron la cosmovisión cristiana y la reemplazaron respectivamente con el evangelio social o con un tipo de dualismo gnóstico.

¿Qué se perdió por ambos bandos? La concepción histórica, bíblica, de la justicia y el involucramiento cultural. Esa rica herencia fue desestimada, y casi olvidada.

Y resulta que hoy muchos líderes evangélicos apasionados por la justicia y el cambio social tienen escaso conocimiento de una

---

46. Owen Strachan, "The City of God Podcast," https://toppodcast.com/podcast_feeds/the-city-of-god-podcast/.

cosmovisión bíblica bien integrada, de una visión bíblica de la justicia. No se les enseñó ni a ellos ni a sus antepasados. Habría que remontarse varias generaciones —a Amy Carmichael, William Wilberforce y William Carey— a un tiempo en el que la Iglesia creyente en la Biblia consideró su misión una relación armónica entre la proclamación bíblica, el discipulado y la influencia social y cultural.

Esto les ha colocado en una posición vulnerable. Al tener escaso entendimiento de la justicia bíblica original, demasiados evangélicos se han vendido a la falsa ideología de la justicia social. En consecuencia, se encuentran sincretizados en una religión falsa que actúa en contra de lo que ellos pretenden justamente defender —la verdadera justicia.

Coalición de resistencia

Aunque la justicia social es la ideología reinante de los guardianes culturales de Occidente, también tiene detractores influyentes. Tal vez el grupo mejor conocido sea el apodado «the intellectual dark web la oscura web intelectual». En él figuran Jordan Peterson, profesor de psicología de la Universidad de Toronto, Jonathan Haidt, psicólogo social de la Universidad de Nueva York, y Camille Paglia, feminista académica y crítica social. Este grupo heterogéneo incluye a progresistas, conservadores, judíos ortodoxos, gais y lesbianas. Les une una serie de valores comunes contrarios a la ideología de la justicia social. Entre otros, su adhesión a:

- La razón, la lógica, el debate civil, la investigación libre y abierta en busca de la verdad.
- Libertad de expresión, asociación y religión.
- Civismo, respeto a los adversarios ideológicos y ética tolerante: «vive y deja vivir».
- Valores y tradiciones occidentales (y estadounidenses).
- El individuo y la importancia de las elecciones morales, el carácter y la responsabilidad.
- En cuestiones de raza, adhesión al credo de Martin Luther King: Nos juzgamos unos a otros en base al «fondo del carácter, no el color de la piel».

Aunque estos valores coinciden con los de la cosmovisión bíblica, brillan por su ausencia muchos evangélicos destacados. En vez de hacer causa común con estos contendientes no cristianos contra la ideología de la justicia social, muchos líderes evangélicos han optado por permanecer neutrales, o peor aún, por apoyarla implícita o explícitamente.

Pero hay excepciones. Un grupo de evangélicos relativamente pequeño, pero prestigioso, está alzando la voz. Entre ellos figuran John MacArthur, pastor de la iglesia Grace Community Church y rector de la Masters University en Santa Clarita, California; el teólogo y pastor Douglas Wilson, Tom Ascol, presidente de Founders Ministries y pastor de la iglesia Grace Baptist Church en Florida, y Voddie Baucham, decano de teología en la Universidad Cristiana Africana en Zambia. En 2018, estos hombres se reunieron para emitir la «Declaración sobre la Justicia Social y el Evangelio».

> Nos preocupa profundamente que los valores prestados de la cultura secular estén socavando actualmente la Escritura en temas de raza y etnicidad, masculinidad, feminidad y sexualidad humana. La enseñanza bíblica en cada uno de estos temas está siendo desafiada bajo el amplio y un tanto nebuloso epígrafe de inquietud por la «justicia social». . . . Nuestra oración sincera es que nuestros hermanos y hermanas se mantengan firmes en el evangelio y eviten ser zarandeados por toda corriente cultural que trate de desviar a la Iglesia de Cristo de su camino.[47]

He aquí una importante y muy necesaria advertencia. Hay una tremenda confusión en el mundo evangélico respecto a estos temas. Esta confusión tiene que ser reemplazada por un serio discernimiento de las diferencias fundamentales entre la justicia bíblica y la falsa nueva religión de la justicia social. John MacArthur lo expresa del siguiente modo: «Los que dejan que la cultura, una ideología política, la opinión popular o cualquier otra fuente extra bíblica defina la "justicia" para ellos, pronto descubrirán que la Escritura se les opone. Si resuelven retener una idea distorsionada de la justicia, tendrán que enfrentarse a la Escritura»[48]

---

47. Statement on Social Justice and the Gospel, https://statementonsocialjustice.com/.
48. John MacArthur, "The Injustice of Social Justice, Grace to You, September 7, 2018, https://www.gty.org/library/blog/B180907/the-injustice-of-social-justice.

Si la levadura de la ideología de la justicia social sigue moldeando la teología y la práctica evangélica, la Iglesia se verá enormemente obstaculizada en un tiempo en el que la cultura necesita desesperadamente ver defendida y hecha realidad la justicia bíblica.

No obstante, aunque hay mucho que afirmar en la Declaración sobre la Justicia Social y el Evangelio, lamentablemente repite el mismo error del primer movimiento fundamentalista. En vez de reafirmar el rico legado del compromiso bíblico social, la declaración se desvía hacia la antigua dicotomía sagrado-secular que enfrenta la proclamación del evangelio al ministerio social.

> Negamos categóricamente que las conferencias sobre cuestiones sociales (o el activismo destinado a reformar la cultura más amplia) sean tan importantes para la vida y la salud de la Iglesia como la predicación del evangelio y la exposición de las Escrituras. . . . Históricamente, tales cosas tienden a convertirse en distracciones que conducen inevitablemente a un desvío del evangelio.[49]

Seamos claros. «Los temas sociales» y el «activismo social» engloban el movimiento pro-vida, el esfuerzo por mejorar la condición de los pobres, los adictos, los quebrantados y la lucha contra el tráfico sexual. ¿Son estas actividades una «distracción» de la misión de la Iglesia? ¿Compiten de algún modo contra la predicación del evangelio?

Phil Johnson, estrecho colaborador de John MacArthur, ha dicho que la implicación de los evangélicos en la cultura, en asuntos como la vida, la pobreza, la justicia y la dignidad humana supone «apartarse de la misión», porque son «una distracción» de la misión central de la Iglesia: proclamar el evangelio.[50]

En lugar de llamar a la Iglesia a perfilar un enfoque ortodoxo, bíblico de la justicia, y a participar en la cultura, Johnson y otros están cayendo en el mismo error que los primeros fundamentalistas. En vez de defender el compromiso social cristiano y una relación bíblica fluida entre la proclamación del evangelio y la transformación cultural, ponen en tela de juicio la vigencia misma del involucramiento cultural y el ministerio de justicia del cristiano.

---

49. Statement on Social Justice and the Gospel, https://statementonsocialjustice.com/.

El problema del fundamentalismo consistió en ser un movimiento reaccionario definido fundamentalmente por aquello a lo que se oponía —el evangelio social y el liberalismo teológico—. Al reaccionar contra el evangelio social, abandonó todo tipo de ministerio «social». Tiró el grano con la paja. Esto significó que solo la cultura secular fue capaz de definir el involucramiento cultural y cómo se debía gestionar. Fue un error entonces, y lo sigue siendo hoy.

La urgente necesidad actual, como lo fue a principios del siglo XX, es recuperar una perspectiva bíblica, ortodoxa, de la justicia e implicación cultural promovida por Wilberforce, Carey y Carmichael. Al mismo tiempo, hemos de pronunciarnos contra la ideología de la justicia social. Necesitamos redescubrir y defender una profunda propuesta bíblica de participación cultural en maneras que conduzcan a una mayor justicia y prosperidad humana, y no abandonar estas cosas como si fueran una distracción de nuestra «misión esencial».

En suma, la Iglesia debe volver a abrazar una cosmovisión bíblica integral. La justicia bíblica es demasiado importante —un elemento esencial de la cosmovisión cristiana— como para permitir que corra peligro ante un impostor como la justicia social.

Los fundamentalistas y los evangélicos que reaccionan hoy contra la ideología de la justicia social pueden creer que defienden la ortodoxia bíblica, cuando en realidad están fomentando una cosmovisión cuasi-bíblica que divide el mundo en una dicotomía sagrado-secular. Aseguran que la evangelización, o proclamación del evangelio, es obra sagrada, por tanto, más importante. La labor cultural que tiene por objeto el cambio social basado en las verdades bíblicas es secular, menos importante, y, en última instancia, una distracción.

El evangelio es fundamental para la cosmovisión bíblica, pero no puede quedar reducido solo al mensaje. La cosmovisión bíblica proporciona respuestas a todas las grandes preguntas, a cuestiones como la realidad última, la identidad y propósito del hombre, y la causa y la solución del mal en el mundo. Solo en el contexto que ofrece esta cosmovisión tiene sentido el evangelio.

La gente necesita un relato completo, integral, de la realidad para poder dar sentido a sus vidas. Si la Iglesia no sale a la cultura a defender el relato verdadero —la cosmovisión bíblica— las únicas alternativas serán cosmovisiones falsas y a la larga destructivas. La gente no puede vivir sin dar respuesta a las grandes cuestiones de la vida y su sentido. Si la ideología de la justicia social es la única alternativa, la abrazará la gente. La única manera en que la Iglesia puede contrarrestar eficazmente la ideología de la justicia social es ofreciendo una cosmovisión bíblica integral.

SESIÓN 7:

Primera parte.
Versículo bíblico para memorizar

> *«Sino que siguiendo la verdad en amor, crezcamos en todo en aquel que es la cabeza, esto es, Cristo».* Efesios 4:15

Parte A. Lea las páginas 145-147
1. ¿Dónde vemos los supuestos de la justicia social ideológica dominar grandes franjas de nuestra cultura actual? Nombre al menos cinco.

2. ¿En qué tres formas ha respondido históricamente la iglesia a concepciones del mundo hostiles y no bíblicas que influyen en la cultura?

3. ¿Cómo surgió el «fundamentalismo» en Estados Unidos y qué ha originado en la actualidad? ¿Puede ver este fundamentalismo en la iglesia evangélica de su nación?

Parte B. Lea las páginas 148-156
4. ¿Qué error significativo cometió el mundo evangélico al reaccionar contra el «evangelio social»? ¿Qué se perdió en consecuencia?

5. Cuando el posmodernismo y el neomarxismo comenzaron a infiltrarse en la cultura occidental (en torno a 2010), ¿qué comenzó a dividirse?

La facción que eligió el camino de la conformidad con la cultura se conoce como «izquierda evangélica» o _____

_____.

6. Además de las cuestiones de la pobreza y la igualdad económica, los nuevos líderes han centrado la cultura en toda la gama inter-seccional de grupos oprimidos: _____, la comunidad _____ y _____ minorías.

Parte C. Lea las páginas 156-157

7. ¿Qué dos definiciones muy distintas de racismo se discuten en la cultura estadounidense actual? ¿Puede ver las mismas definiciones de racismo en la cultura de su nación o existen otras manifestaciones de racismo propias de su país?

8. La «narrativa revolucionaria» sobre la raza sostiene que los sistemas sociales, culturales y económicos existentes están tan corrompidos que hay ____ _____ para _____. Deben ser _____ _____, raíz y rama, para dar paso a un _____

_____.

Parte D. A manera de análisis cultural Lea las páginas 157-170

9. Lea «la narrativa revolucionaria». Complete la tabla correspondiente (solo) con la información de la narrativa revolucionaria que reúna en su lectura.

La narrativa revolucionaria la narrativa de la conservación

¿Qué enfatizan?	
¿Qué tiene que suceder para que ocurra un cambio positivo?	
¿Cuál es el mayor problema que afronta la comunidad negra?	
¿Qué es la fundación de los estados unidos de américa?	
¿Qué significa «daltónico»?	
¿Dónde radica el racismo?	
#Black Lives Matters	

Parte E. A manera de análisis cultural. Lea las páginas 158-161

10. ¿Qué narrativa afirma la bondad de los principios fundacionales de Estados Unidos y procura preservar y mejorar de continuo sistemas e instituciones para reflejar más perfectamente estos principios?

Parte F. Repase el capítulo y Efesios 4:15.

11. ¿Qué ha aprendido sobre Dios y/o la iglesia en este capítulo y en las Escrituras que ha estudiado esta semana?

Notas y reflexiones personales

SEGUNDA PARTE
Versículo bíblico para memorizar

> «*Sino que siguiendo la verdad en amor, crezcamos en todo en aquel que es la cabeza, esto es, Cristo*». Efesios 4:15

Parte A. Lea las páginas 171-174

1. Si bien el autor resuena con el eco profundode gran parte de los escritos de Eric Mason en: *Woke Church: An Urgent Callfor Christians in America to Confront Racism and Injustice,* enumera quince cosas que le preocupan con respecto al pensamiento y la enseñanza de Mason. Enumere algunas de estas preocupaciones que considere preocupantes para la iglesia actual.

2. ¿Cuál es el llamado de la iglesia en la cultura actual? ¿Cuáles son algunas de las consecuencias de seguir las tendencias culturales dominantes en lugar de una verdad bíblica sólida?

Parte B. Lea las páginas 175-176

3. El cristianismo bíblico y la justicia social ideológica son cosmovisiones _____. Son diametralmente opuestos en asuntos de _____ (el estudio del conocimiento), naturaleza humana y _____, moral, y _____.

4. ¿Cuáles son dos razones por las que el autor cree que las personas están «deconstruyendo» su fe?

5. ¿Cómo ha hecho la justicia social ideológica incursiones tan rápidas y profundas en el corazón mismo del mundo evangélico occidental?

Sus defensores _____ en nuestras universidades y seminarios evangélicos.

Publican sus _____ y _____ en editoriales e instituciones cristianas.

Se les ha dado _____ para compartir su mensaje con un gran número de jóvenes evangélicos.

Parte C. Lea las páginas 176-179

6. ¿Cuáles son las tres razones por las que tantos maestros e influyentes organizaciones evangélicas apoyan una ideología claramente anti-bíblica? ¿Cuál cree que es la más convincente?

7. ¿Qué se perdió tanto para la principal corriente del protestantismo como para el fundamentalismo cuando abandonaron la cosmovisión bíblica cambiándola por el «evangelio social» o el «dualismo gnóstico» a principios del siglo XX?

8. ¿Dé algunos ejemplos de creyentes con mentalidad misionera que entendieron y vivieron un vínculo perfecto entre la proclamación del evangelio, el discipulado y el impacto social y cultural?

Parte D. Lea la páginas 179-181

9. ¿Qué compromisos comparten los influencers de la «web intelectual oscura» al resistir a la justicia social ideológica?

10. El pastor John afirma: «Los que dejan que la cultura, una ideología política, la opinión popular o cualquier otra fuente extra bíblica defina lo que es la 'justicia' para ellos pronto descubrirán que _____ se les opone. Si están decididos a retener una idea _____ de la justicia, por tanto, tendrán que _____ las Escrituras». (Páginas 180-181)

11. ¿Qué desafortunado error del movimiento fundamentalista se repite hoy entre muchos que se resisten abiertamente a la justicia social ideológica en la iglesia?

Parte E. Lea las páginas 182-183

12. La iglesia necesita redescubrir y defender un profundo _____ _____ con el compromiso cultural, de manera que conduzca a una mayor _____ y _____ _____.

13.¿Qué necesitan las personas para darsentido a sus vidas? Si la iglesia no defiende el relato verdadero, la cosmovisión bíblica, las únicas alternativas serán _____ y, en última instancia, _____ cosmovisiones.

Parte F. Repase el capítulo y Efesios 4:15.

14. ¿Qué ha aprendido sobre Dios y/o la iglesia en este capítulo y en las Escrituras que ha estudiado esta semana?

Notas y reflexiones personales

8

SUSTITUCIÓN DE UNA MALA COSMOVISIÓN POR UNA MEJOR

En un artículo aparecido en la revista (online) *Quillette*, en julio de 2018, Barrett Wilson (nombre ficticio) compartió la historia de su conversión —y desconversión—a la ideología de la justicia social. Es un recordatorio impactante de cómo esta nueva religión tóxica afecta a la gente común. Wilson comienza su historia del siguiente modo:

> Una vez tuve un empleo bien remunerado en lo que podríamos llamar industria de la justicia social. . . Yo era un combatiente hipócrita de dicha justicia que aprovechaba mis plataformas de tamaño medio en Twitter y Facebook para alardear de estar al tanto en temas como los derechos LGBT, la cultura de la violación y la injusticia racial. . .

Wilson no era un erudito. Probablemente sabía muy poco del neo-marxista Antonio Gramsci o del filósofo posmoderno Michel Foucault. Probablemente no sabía explicar los puntos más sutiles de la teoría crítica. No obstante, se había acercado a esta ideología porque le proporcionaba un relato que daba a su vida sentido y propósito y le permitía ser miembro de una comunidad. Él explica el atractivo de la ideología de la justicia social como sigue:

> . . . Era emocionante. Cada vez que llamaba a alguien racista o sexista, suscitaba una erupción de adrenalina. Una erupción que era luego afirmada y sostenida con estrellas, corazones y dedos pulgares que constituyen las monedas sueltas de la aprobación en las redes sociales. . . Cuando mis anotaciones eran recibidas con

aprobación y admiración, me llovían las alabanzas: «¡Gracias por hacerse oír!». «¡Es usted muy valiente!». «¡Necesitamos más hombres como usted!».

Wilson se alistó como soldado en la revolución de la justicia social. Él y sus camaradas basaron el propósito de sus vidas en luchar contra la supremacía blanca, el patriarcado, la trans-fobia y la masculinidad tóxica. «Pasé de ocuparme en mis asuntos. . . a prácticamente darme un soponcio cuando la gente usaba un pronombre incorrecto o expresaba una opinión inclinada a la derecha», dice. Pasaba su tiempo patrullando en internet en busca de transgresores. Como todos los sistemas totalitarios pasados y presentes, Wilson nos recuerda que la «justicia social es la cultura de la vigilancia, de la delación».

Pero al igual que los primeros revolucionarios franceses y rusos, Wilson descubrió que la revolución puede girar rápidamente sobre sí misma. Ese día llegó para él:

> Molesté a la persona que no debía, y en breve lapso de tiempo fui considerado demasiado tóxico para el gusto de mi jefe. Fui públicamente avergonzado, acosado y reducido a símbolo de los privilegios masculinos. Fui excluido de mi carrera y de mi comunidad profesional.

Irónicamente, Wilson descubrió que en el mundo de la ideología de la justicia social no hay justicia para los acusados de mala conducta.

> No hay tal cosa como un proceso legal en este mundo. Y una vez que se te sentencia, la turba empieza a peinar tu pasado, en busca de transgresiones semejantes que podrían haber pasado desapercibidas. . .[1]

Otros que han sido «anulados» de esta manera han sufrido una experiencia traumática. Otra partidaria de la ideología de la justicia social, Karlyn Borysenko, describe cómo se «concienció» de los peligros reales de esta religión. Muchos de sus contactos «en

---

1.   Barrett Wilson, "I Was the Mob Until the Mob Came for Me," Quillette, July 14, 2018, https://quillette.com/2018/07/14/i-was-the-mob-until-the-mob-came-for-me/.

Instagram fueron acosados y hostigados por centenares de personas por faltas aparentemente insignificantes. Un hombre fue acosado de tal manera que sufrió un ataque de nervios y tuvo que ser ingresado en el hospital por riesgo de suicidio. Había muchas cosas malas en ese odio, y ser testigo de los insultos que destilaban aquellos con quienes me había aliado. . . fue una fuerte llamada de atención».[2]

Barretty Karlyn representa a millones de jóvenes que han sido arrastrados por la secta puritana de la ideología de la justicia social. Muchos de ellos nunca han visitado la iglesia ni oído el evangelio. Conocen poco o nada de la cosmovisión bíblica. Para ellos, el IDS (sistema de detección de intrusos, por sus siglas en inglés) ocupa en su alma el vacío de sentido, de identidad y de propósito. Como ha dicho Nathanael Blake:

> Los dogmas multisectoriales, el socialismo, la teoría de género y otras ideas izquierdistas de la justicia social son esfuerzos con que se intenta llenar el vacío originado por el declive de las iglesias, comunidades y familias. Pero estas doctrinas seculares son pálidos reflejos. . . Acarrean ira y miseria, no paz.[3]

La falsa religión de la ideología de la justicia social atrae a la gente ofreciéndole un señuelo de identidad, comunidad y propósito. Pero como ocurre en cualquier secta, una vez que uno está dentro, es difícil escapar. Según Wilson: «La gente que me mostraba estrellas, corazones y dedos pulgares participaba de su propio juego cínico: El temor a ser blanco de la multitud nos induce a indicar públicamente que formamos parte de ella».[4]

Se me rompe el corazón cuando leo casos como éste. Hemos sido llamados a proclamar audazmente la verdad que libera a la gente. ¡Cuán terrible y trágico es que tantos destacados líderes evangélicos hayan abdicado de su responsabilidad de ser sal y luz

---

2. Karlyn Borysenko, "After Attending a Trump Rally, I Realized Democrats Are Not Ready For 2020," Medium, February 11, 2020, https://gen.medium.com/ive-been-a-democrat-for-20-years-here-s-what-i-experienced-at-trump-s-rally-in-new-hampshire-c69ddaaf6d07.

3. Nathanael Blake, "I Didn't Vote For Trump In 2016. Here's Why I Hope He Gets Four More Years," The Federalist, February 18, 2020, https://thefederalist.com/2020/02/18/i-didnt-vote-for-trump-in-2016-heres-why-i-hope-he-gets-four-more-years/.

4. Wilson, "I Was the Mob Until the Mob Came for Me."

y promuevan los dogmas centrales de esta peligrosa cosmovisión anti-bíblica! En vez de proclamar la verdad que hace libre a la gente, fomentan precisamente las ideas que destruyen vidas, rompen relaciones y dividen países.

Peor aún, al adoptar la definición distorsionada, secularizada, de la justicia que promueve esta ideología, permanecen alarmantemente mudos y desconectados cuando se trata de las grandes injusticias y males sociales de nuestro tiempo. Desde 1973, millones de niños inocentes han sido exterminados legalmente mediante el aborto. Este es un mal social comparable con las mayores injusticias de la historia de la humanidad, como la esclavitud legalizada. Con razón despreciamos la abominación moral de la esclavitud antes de la guerra, pero el aborto legal —incluido el tráfico de órganos con ánimo de lucro— ¡está sucediendo ahora mismo, delante de nosotros! Y sin embargo, para los evangélicos que han bebido a fondo en la fuente de la ideología de la justicia social, el aborto es habitualmente minimizado. En vez de ello, su defensa de la justicia se centra en cuestiones de moda y altamente discutibles como demarcar líneas rojas, encarcelamientos masivos, o inmigración sin papeles, como si hubiera una equivalencia moral entre estos temas y el asesinato legal de 60 millones de niños inocentes.

Personas como Barrett y Karlyn no necesitan que la Iglesia apruebe su creencia en la justicia social ideológica. Necesitan que la Iglesia les proponga un mejor relato. Un relato verdadero. Un relato que les explique que nuestra verdadera identidad no se halla en el color de la piel, origen étnico, sexo, u orientación sexual. Es cierto que somos moldeados e influidos por los grupos a los que pertenecemos, pero ellos no nos definen. Nuestra verdadera identidad radica en el hecho de que todos somos seres humanos únicos y valiosos, creados por Dios a su imagen, y profundamente amados por Él. Porque de tal manera amó Dios a Barrett y Karlyn —a usted y a mí— que «ha dado a su Hijo unigénito, para que todo aquel que en él cree, no se pierda, mas tenga vida eterna» (Juan 3:16).

Necesitan oír que todos reflejamos la imagen de Dios. Todos tenemos cualidades recibidas de Él —una mente creativa, corazón, manos, dones y una personalidad singular—. Todos necesitan oír que en vez de asumir el papel de «víctimas», Dios espera de cada uno de nosotros que usemos estos dones y capacidades para bendecir a otros y servir mejor al mundo que nos rodea. Todos somos capaces y responsables.

Si su relato le asegura que su identidad básica es el ser «víctima», su vida estará marcada por la amargura, el resentimiento, la queja, el agravio y la reclamación de derechos. Si su relato le informa que su identidad básica es ser un «opresor», su vida estará marcada por la vergüenza y la culpa. No obstante, si su relato le dice que usted es un «pecador amado por Dios y salvo por gracia», su vida estará marcada por la gratitud y la humildad.

Necesitan oír un relato en el que el poder no es lo fundamental, sino el amor. Según la falsa cosmovisión de la ideología de la justicia social, puesto que la verdad y el amor no existen, todo se reduce a una lucha de suma cero por el poder entre los grupos contendientes. Pero la Biblia revela que la verdad existe y que el poder no es lo fundamental, sino el amor. Por amor, el ser más poderoso del universo, el Creador de todas las cosas, el Hijo unigénito de Dios, se despojó de su poder y de sus privilegios. Según las inmortales palabras de Filipenses 2:5-8, «el cual, siendo en forma de Dios, no estimó el ser igual a Dios como cosa a que aferrarse, sino que se despojó a sí mismo, tomando forma de siervo». Nos sirvió entregando su propia vida en la cruz por amor.

En el mundo real, muchas personas, y muchos seguidores de Jesucristo, han seguido este ejemplo. Por amor a su prójimo han puesto de lado su poder y sus privilegios, se han humillado y servido a otros, aun a costa de un gran sacrificio personal.

Barrett y Karlyn necesitan oír un relato en el que la línea de demarcación entre el bien y el mal no discurra entre grupos raciales, varones y hembras, o cualquier otro grupo, clase o partido, sino en cada corazón humano. Todos somos pecadores. Todos, por igual, necesitamos gracia y perdón. Dios extiende su gracia y su perdón a todos por igual, sin distinción de clase, sexo, etnia o color de la piel. Y puesto que somos perdonados, Él nos llama a extender también gracia y perdón los unos a los otros.

En el corazón mismo del relato bíblico destaca la justicia, pero también la misericordia, la gracia y el perdón. Sin estas cualidades entrelazadas una cultura se desintegra.

En última instancia, necesitan oír un relato que defina lo que es realmente la justicia. En el falso relato que han absorbido la justicia consiste en eliminar sistemas y estructuras tradicionales, con el propósito de redistribuir el poder y el dinero de los denominados grupos opresores entre los grupos de víctimas, en busca de una igualdad de resultados utópica. Esta es una perversión secular de la justicia. Según nuestro relato —el verdadero— justicia es conformidad con la perfecta ley moral de Dios, tal como establecen los Diez Mandamientos y la ley real: «Amarás a tu prójimo como a ti mismo» (Santiago 2:8).

¿Cómo va a descubrir nuestro prójimo, esclavizado por la falsa y destructiva religión de la ideología de la justicia social, este relato formidable, transformador de vidas y de culturas, a menos que el pueblo de Dios lo comunique de una manera clara, enérgica e intrépida, tanto en palabras como en hechos?

A los muchos líderes evangélicos que coquetean con —y en realidad, apoyan— esta falsificación destructiva, consciente o inconscientemente, yo les digo: «Lo único que conseguirán es dividir y debilitar aún más una Iglesia ya fragmentada en un tiempo en el que nuestra nación herida y fracturada necesita desesperadamente una Iglesia fuerte y unida que dé valientemente la cara por la verdad.

«Ningún cristiano juicioso. . . aprueba el racismo, la injusticia o la opresión cuando existen», escribe Scott Aniol, profesor del seminario teológico Southwestern Baptist, «pero al adoptar estas categorías seculares, izquierdistas, basadas en ideologías explícitamente concebidas para dividir a la gente, algunos cristianos bien intencionados están causando división en el cristianismo e incluso perjudicando a la sociedad en vez de mejorarla».[5]

Afortunadamente, muchos cristianos se están «dando cuenta» de los peligros que comporta la ideología de la justicia social.

---

5. Scott Aniol, "What's Wrong With the Recent Evangelical 'Social Justice' Movements?" Christian Post, September 3, 2018, https://www.christianpost.com/voice/whats-wrong-with-the-recent-evangelical-social-justice-movements.html.

Hay cada vez más movimientos organizados de resistencia. Es un esfuerzo necesario que debe ser encomiado y apoyado. Pero al denunciar esta cosmovisión falsa y destructiva es importante no solo reaccionar contra ella, sino sostener, defender y proclamar la cosmovisión bíblica.

El movimiento fundamentalista del siglo pasado reaccionó contra el evangelio social. El evangelio social se preocupó de la reforma cultural, de suerte que los fundamentalistas reaccionaron exageradamente afirmando que Dios no estaba interesado en la reforma de la cultura o de la sociedad, sino solo en salvar a las personas que habitan este mundo caído. El evangelio social se preocupó de los pobres, por lo que los fundamentalistas sobreactuaron alegando que interesarse por los pobres tenía poca importancia, ya que, en definitiva, distraía de la máxima prioridad de la evangelización.

En su celo por combatir el evangelio social, el movimiento fundamentalista hizo bastante daño a la Iglesia al abandonar involuntariamente la cosmovisión bíblica por una cosmovisión gnóstica, casi bíblica, que dividía las cosas que la Biblia mantiene unidas con la misma prioridad. Priorizó lo espiritual sobre lo físico, la evangelización sobre la asistencia a los pobres, y el ministerio cristiano a tiempo completo sobre el trabajo en el «mundo secular».

No repitamos la misma equivocación. No estemos simplemente en contra de la ideología de la justicia social. Pongámonos a favor de la cosmovisión bíblica.

He aquí algunas áreas en las que los detractores de la ideología de la justicia social tienen que ser muy cautos:

Identidad humana

La justicia social ideológica sostiene que los seres humanos, enteramente determinados por la sociedad, son producto de sus «grupos afines particulares» basados en la raza, el sexo, y/o la identidad de género. Como reacción, los opositores se verán tentados a virar al polo opuesto y considerar que la gente se compone de individuos resistentes e independientes. Esto sería justicia anti social, no cosmovisión pro bíblica. La cosmovisión bíblica considera a los seres humanos individuos únicos, libres, responsables y miembros de comunidades que definen profundamente su identidad. Por ejemplo, las familias, las iglesias y las etnias. La Biblia afirma ambos aspectos de la naturaleza, y nosotros debemos hacer lo mismo.

Transformación cultural

La ideología de la justicia social pone toda su esperanza en la revolución. Los oprimidos deben levantarse y subvertir a sus opresores. La batalla se dirime en las arenas social, cultural y política. Tácticamente, el fin justifica los medios. No se descarta nada si promueve la causa. Para que su clase de justicia utópica, de igualdad de resultados, se consiga, se debe lograr aquí y ahora, por el poder y la astucia del hombre. No hay cielo, ni más allá, ni esperanza de que un Juez justo y todopoderoso rectifique todas las injusticias.

Como reacción, sus adversarios se verán tentados a descartar todos los esfuerzos humanos de «involucrarse en la cultura», o «transformar la cultura», porque suponen una distracción no bíblica del propósito y misión fundamental: salvar almas para el cielo. Este mundo se dirige hacia el infierno, así pues, ¿por qué molestarse en intentar reformarlo, cambiarlo o mejorarlo? Eso lo hacen los guerreros de la justicia social, no nosotros. Esta actitud es justicia anti social, no cosmovisión bíblica.

La cosmovisión bíblica contempla este mundo como obra de Dios, y Él ama su creación. Su muerte en la cruz no solo tuvo por objeto salvar las almas de los hombres sacándolas del mundo, sino redimir todas las cosas arruinadas en la caída. Como dice Colosenses 1:15-20:

> Él es la imagen del Dios invisible, el primogénito de toda creación. Porque en él fueron creadas todas las cosas, las que hay en los cielos y las que hay en la tierra, visibles e invisibles; sean tronos, sean dominios, sean principados, sean potestades; todo fue creado por medio de él y para él. Y él es antes de todas las cosas, y todas las cosas en él subsisten; y él es la cabeza del cuerpo que es la iglesia, él que es el principio, el primogénito de entre los muertos, para que en todo tenga la preeminencia; *por cuanto agradó al Padre que en él habitase toda plenitud, y por medio de él reconciliar consigo todas*

las cosas, así las que están en la tierra como las que están en los cielos, haciendo la paz mediante la sangre de su cruz [cursiva añadida].

Dios nos redime para participar con Él en la reconciliación de todas las cosas consigo mismo. Hemos de ser sal y luz y participar en la cultura. Hemos de obrar en el poder del Espíritu de Dios para exhibir verdad, bondad y belleza en todas las esferas de la vida humana —arte, jurisprudencia, educación, empresa y gobierno.

Por supuesto, el mundo está corrompido y se cae a pedazos. A pesar de todo, el evangelio nos llama a amarlo y servirle con la mirada puesta en ese día en que Jesús regresará y renovará todas las cosas (Apocalipsis 21:5). En palabras de Francis Schaeffer: «Apoyados en la obra acabada de Cristo, deberíamos trabajar por una sanidad notable en cada esfera dividida [o quebrantada] por causa de la Caída».[6] La cosmovisión bíblica considera la evangelización y la regeneración espiritual no como un fin, sino como un medio para un fin más grande: la reconciliación de todas las cosas. N.T. Wright, teólogo del Nuevo Testamento lo expone de este modo:

> El gran hincapié del Nuevo Testamento es que el evangelio no es una vía de escape del mundo; el evangelio significa que Jesús crucificado y resucitado es el Señor del mundo; que su muerte y su resurrección transforman el mundo, y que esa transformación le puede alcanzar a usted. A su vez, usted puede participar en esa obra transformadora.[7]

Como cristianos comprometidos con la cosmovisión bíblica, nos apasiona trabajar para transformar el mundo —y constatar un cambio social y cultural positivo—. Aunque discrepamos fundamentalmente en cómo se produce este cambio. Para el revolucionario de la justicia social, el cambio es meramente externo a la persona humana. Las estructuras y sistemas sociales y culturales injustos (desiguales) deben ser derrocados y sustituidos.

---

6. Darrow L. Miller, Bob Moffitt, y Scott Allen, *El reino inconmovible de Dios* (Tyler, Texas: Editorial JUCUM, 2005), 32.

7. Tim Stafford, "Mere Mission," *Christianity Today*, January 5, 2007, https://www.christianitytoday.com/ct/2007/january/22.38.html.

No obstante, los cristianos creen que el cambio debe ser primeramente interior y espiritual para poder luego manifestarse externamente en la sociedad y la cultura. Los problemas del mundo no están «ahí fuera», en la sociedad; antes bien, están «aquí dentro» en mi propio corazón y mente caídos. Esto tiene que cambiar primero mediante la proclamación del evangelio y la regeneración del Espíritu Santo. La mentalidad de la justicia anti social contrapone la evangelización a la transformación social. No obstante, la cosmovisión bíblica los une sin fisuras. En palabras de John Stott: «La evangelización es el principal instrumento de cambio social, porque el evangelio cambia a las personas, y las personas cambiadas pueden transformar la sociedad».[8]

La tentación que sienten los que se oponen a la ideología de la justicia social de reaccionar desproporcionadamente confrontando la evangelización y proclamación del evangelio a la participación en la cultura debe ser evitada a toda costa. La reacción desproporcionada del movimiento fundamentalista contra el evangelio social hizo mucho daño al testimonio de la Iglesia en Occidente por más de cien años. Los evangélicos están empezando a recuperar su comprensión bíblica de la misión. ¡Aprendamos de nuestra propia historia y no caigamos más en esta trampa reaccionaria!

Racismo

La ideología de la justicia social considera que el racismo (y el sexismo, y la homo/trans-fobia) está extendido y es omnipresente. Según sus adeptos, Estados Unidos está plagado de racismo. Estuvo presente en la fundación del país y sigue siendo un grave problema en nuestra sociedad actual. Para complicar más las cosas, la ideología de la justicia social ha redefinido el racismo. La concepción previa del racismo (acorde con la enseñanza bíblica) es que es un prejuicio contra alguien de distinta etnia basado en la creencia de que la propia etnia es superior. La ideología de la justicia social ha redefinido el racismo asignándole el significado de «prejuicio *más poder*». Los blancos ejercen el poder cultural; por tanto, solo los blancos son racistas. El racismo es malo; por tanto

---

8. Stott, *Problemas que los cristianos enfrentan hoy* (Ed. Vida, 2008). (*Issues Facing Christians Today*, Fourth Edition, Grand Rapids: Zondervan, 2006).

solo los blancos son malos. Paradójicamente, la redefinición que hace la ideología de la justicia social del racismo es, en sí misma, racista, en base a la verdadera definición de racismo.

Si su cabeza le da vueltas, no está solo. La ideología de la justicia social ha sembrado tremenda confusión en nuestra cultura por lo que respecta a cuestiones de raza y racismo. Como respuesta, el bando de la justicia anti social es tentado a negar que el racismo sea una cuestión que deba concernir a los cristianos. Pero esto es un error. Aunque los Estados Unidos sean probablemente una de las sociedades con más diversidad racial y más tolerantes del mundo, el racismo sigue representando un verdadero problema —y no solo para los «blancos»—. Los cristianos comprometidos con la cosmovisión bíblica deben rechazar la redefinición de racismo, sostener la definición verdadera, y plantarse firmemente contra aquella dondequiera que levante su fea cabeza.

Injusticia estructural y sistémica

Debido a que la justicia social ideológica considera que el quebranto y la injusticia en el mundo tienen su origen en estructuras y sistemas sociales, no en los corazones humanos caídos, concentra toda su energía en erradicar el racismo estructural, sistémico, etc. Todo es «estructural» o «sistémico».

Los cristianos pueden verse tentados a negar o restar importancia a la idea de que el mal existe en los sistemas sociales. Esto sería justicia anti social, no cosmovisión pro bíblica.

La cosmovisión bíblica adopta una visión integral de la caída. Ésta no solo afecta a las personas —trastorna toda la creación, también los sistemas y estructuras sociales y culturales—. Dios desea redimirlo todo. Podemos estar de acuerdo con la justicia social ideológica en que existe el mal estructural o sistémico. Pero discrepamos en la causa primera y segunda.

La primera causa del quebranto en el mundo es el corazón humano caído y rebelde. La humanidad caída crea sistemas caídos, desordenados y perversos, y estas estructuras se encuentran por todas partes. Un claro ejemplo es la industria pornográfica, que solo en los Estados Unidos genera más de 2.500 millones de dólares de ingresos anuales y mueve la vileza del tráfico de sexo. O podemos señalar a *Planned Parenthood* y la industria del aborto. Estos sistemas malvados debieran ser demolidos.

La lucha contra el mal social sistémico no es una distracción que aleje a la Iglesia de su misión principal. No, esta lucha es fundamental para nuestro llamado. No obstante, como cristianos, no ignoramos la causa de los sistemas caídos. Si alguno desea reformar estructuras y sistemas perversos, tiene que reformar —o más bien transformar— los corazones humanos caídos. En palabras del pastor Grover Gunn: «El principal instrumento para transformar el mundo es proclamar el evangelio... No debemos cuestionar hoy la eficacia del mensaje del evangelio como filo cortante de cambio social positivo».[9] Muchos partidarios evangélicos de la ideología de la justicia social harían bien en recordar esta verdad.

No obstante, para que un sistema o estructura sea racista o sexista, se deben aplicar ciertos criterios. Los defensores de la justicia social ideológica son conocidos por usar los términos «sistémico» y «estructural» de manera muy generalizada. Rara vez especifican qué políticas o reglas hacen que todo el sistema o estructura sea racista, sexista, etc.

Por ejemplo, para calificar algo de sistémicamente racista, no basta con citar una disparidad de resultados entre blancos y negros u hombres y mujeres. Tomemos el caso de las expulsiones de estudiantes en las escuelas públicas de Edina, Minnesota. Es cierto que se expulsó a más estudiantes negros que blancos en relación con el porcentaje de población general. Pero esa disparidad no prueba el racismo institucional. Hay otros factores que deben ser cuidadosamente examinados antes de acusar a los maestros o administradores de racismo sistémico. En este caso, el comportamiento de los propios alumnos.

Los defensores de la justicia social ideológica rara vez hacen este tipo de análisis cuidadoso. Cualquier disparidad de resultados entre razas o sexos parece ser suficiente para equiparar la gravísima acusación de racismo/sexismo sistémico. Esto es un error. Para mis amigos que desean luchar contra el racismo o el sexismo sistémico,

---

9. Gunn, "Making Waves," 13.

seré el primero en arrimar el hombro para acompañarlos en su lucha, pero antes necesito pruebas sólidas de que el racismo o el sexismo, y no alguna otra causa razonable, es la verdadera causa de la disparidad. ¡La justicia bíblica exige esto! Si cree que un sistema es racista o sexista, exponga su mejor caso, presente los hechos y las pruebas. Sea específico. Si lo hace, muchos cristianos estarán dispuestos a respaldarle.

La civilización occidental y los Estados Unidos de América

Los partidarios de la ideología de la justicia social consideran que los sistemas y estructuras racistas, sexistas y homófobos injustos que hay en la sociedad son legado de la civilización occidental, el capitalismo y la ética sexual judeocristiana. Los Estados Unidos, inmersa en la corriente del pensamiento cristiano occidental, es objeto de especial condena como nación fundamentalmente perversa definida por la esclavitud, el genocidio, la codicia, el sexismo y todo tipo de injusticia.

No hay ninguna nación ni civilización perfecta, o casi perfecta, incluida Estados Unidos. Todas abarcan una mezcla heterogénea de bien y mal, luz y oscuridad. Los cristianos deben sostener la verdad por lo que respecta a esta nación, tanto lo bueno como lo malo.

Dicho esto, Dios ha concedido a la Iglesia la tarea de discipular a las naciones. De hacer retroceder el mal y las tinieblas, y establecer sistemas, estructuras y culturas que, hasta cierto punto, reflejen la verdad, la bondad, y la belleza del reino de Dios. No habrá nación ni civilización perfecta antes del retorno de Cristo, pero eso no significa que las cosas no puedan mejorar.

Los estadounidenses somos beneficiarios del trabajo sacrificado de muchas generaciones de cristianos comprometidos que han enseñado a nuestra nación. Ellos esparcieron semillas de verdad, bondad y belleza y crearon un orden político, económico, educativo y cultural, que, lejos de ser perfecto, ha sido tremendamente bendecido con libertad, justicia, oportunidad y prosperidad.

Actualmente muchos desprecian esta herencia. Deciden centrarse en lo negativo, ignoran todo lo bueno. Parecen dispuestos a arrojarlo todo en el basurero de la historia. Esto se puede hacer y, trágicamente, se está haciendo. Pero creo que muchos estamos profundamente agradecidos con nuestra herencia, y a pesar de sus defectos e imperfecciones, deseamos preservarla y transmitirla a las generaciones futuras, esforzándonos por conseguir que nuestro país «esté más unido».

Nuestra actitud para con los Estados Unidos, o la civilización occidental, no debe estar impregnada de un espíritu negativo, crítico y desagradecido. Ni tampoco de arrogancia o superioridad, sino de una actitud humilde de gratitud. Somos meros beneficiarios. Hemos heredado estas bendiciones gracias al trabajo de hombres y mujeres piadosos que nos precedieron y lo entregaron todo por construir esta nación sobre la verdad de la Palabra de Dios. En suma, nuestras bendiciones proceden de Dios.

Tácticas

Los defensores de la justicia social ideológica utilizan cada vez más tácticas de fuerza para imponer su narrativa. Tácticas como la corrección política, el acoso, la vergüenza, la amenaza, la demolición, el silenciamiento y otras.

En conjunto, estas tácticas reciben el nombre de «cancelación de la cultura». La cancelación de la cultura no cree en la libertad de expresión, el diálogo o el debate con adversarios ideológicos. No tiene ninguna base para proclamar urbanidad o respeto por los adversarios ideológicos. Cree en prevalecer a toda costa. El fin justifica los medios. En la cultura de cancelación no hay perdón. Ni reconciliación. Ni gracia. Es tóxica, e incluso demoníaca. Destruye el tejido social y destroza las relaciones.

Estas tácticas de fuerza tampoco son nuevas. Fueron la norma de la revolución francesa y de las revoluciones comunistas en Rusia, China, Camboya, Cuba y otros lugares. De hecho, son la norma general de los revolucionarios marxistas en todo lugar.

¿Cómo deben responder los cristianos que se oponen?

Hay dos reacciones que deben evitarse. La primera es cambiar las tornas, esto es, intentar usar las mismas tácticas de fuerza. Pero probablemente la mayor tentación sea dejarse intimidar por el silencio o la sumisión. Para mantener la cabeza gacha, uno ha de fingir que la guerra no se desata a su alrededor e intentar seguir con su vida normal. Esto no es sostenible. Es una revolución cultural y eventualmente vendrán a por todos.

Las famosas palabras del teólogo alemán Martin Niemöller son aquí aplicables:

> Primero vinieron por los socialistas y me callé, porque yo no era socialista.
> Luego vinieron por los sindicalistas y guardé silencio, porque yo no era sindicalista.
> Luego vinieron por los judíos y mantuve la boca cerrada, porque yo no era judío.
> Luego vinieron por mí, y no quedaba nadie que me defendiera.

Por supuesto, los defensores evangélicos de la justicia social ideológica generalmente no se involucran en estas tácticas de fuerza como hacen sus compatriotas no cristianos. La mayoría también les denunciaría. Pero incluso entre los evangélicos que apoyan la justicia social ideológica, he notado una tendencia preocupante entre ellos de evitar el diálogo y el debate con sus adversarios ideológicos e incluso interrumpir relaciones.

He aquí algunas ideas sobre cómo responder adecuadamente a los adversarios ideológicos:

- Sea siempre amable y cortés, no solo en persona, sino también en las redes sociales.
- Conceda a los demás el beneficio de la duda cuando se trata de juzgar sus motivos. Suponga que realmente desean la justicia, luchar por los oprimidos y oponerse al racismo por razones bíblicas.
- Sea pronto para escuchar y lento para hablar. Trate siempre de aprender y comprender. Sáquese antes la viga de su propio ojo.
- Ore. Pida la ayuda de Dios para actuar en maneras que le honren y le glorifiquen. Ore para que sus adversarios abandonen las creencias falsas y se vuelvan a la verdad. Confíe en el poder sobrenatural de Dios más que en sus propios argumentos o sabiduría.
- No renuncie al compromiso, el debate y el diálogo, aunque sus oponentes lo hagan. Usted no puede controlar cómo responden

ellos, pero no sea el primero en romper la relación. Sea pronto en perdonar. Presto en reconciliarse. Pronto en afirmar.

- No se acobarde ante la presión. Manténgase firme en la verdad. Manténgase firme en los principios y definiciones bíblicos. Circula una idea falsa muy extendida por la comunidad evangélica de que «amar al prójimo» significa afirmar lo que éste cree sinceramente, aunque sea falso y no bíblico.

- Amar a su prójimo significa sacrificarse por su bien. Afirmar creencias falsas puede parecer amable, pero no lo es, porque las creencias falsas son destructivas. No conducen a la libertad ni al florecimiento.

- No tema, sino confíe en la soberanía y el poder de Dios. Nuestros adversarios son poderosos. Reciben mucho apoyo cultural de los medios de comunicación, la industria del ocio o entretenimiento, agencias gubernamentales, empresas diversas y redes sociales. Disponen de ingentes cantidades de dinero para respaldar su causa.

Pero no olvide nunca que a Dios le encanta usar lo débil del mundo para mostrar su poder y su gloria incomparable. ¿Recuerda a David y Goliat? ¿A Gedeón y los madianitas? ¿A Pedro, el pescador iletrado, ante el Sanedrín? Ese mismo Dios está vivo y actúa hoy. No le sorprenda lo que está sucediendo. Si Él está por nosotros, ¿quién contra nosotros (Romanos 8:31)?

¿Cómo responde Dios a los poderes y autoridades mundanos que conspiran y se confabulan en vano contra Él y su pueblo? Se ríe.

«¿Por qué se amotinan las gentes, y los pueblos piensan cosas vanas? Se levantarán los reyes de la tierra, y príncipes consultarán unidos contra Jehová y contra su ungido, diciendo: Rompamos sus ligaduras, y echemos de nosotros sus cuerdas. El que mora en los cielos se reirá; el Señor se burlará de ellos. Luego hablará a ellos en su furor, y los turbará con su ira. Pero yo he puesto mi rey sobre Sion, mi santo monte». (Salmo 2:1–6)

Preste mucha atención a las palabras de Jesús:

«Y no temáis a los que matan el cuerpo, mas el alma no pueden matar; temed más bien a aquel que puede destruir el alma y el cuerpo en el infierno». (Mateo 10:28)

«Bienaventurados sois cuando por mi causa os vituperen y os persigan, y digan toda clase de mal contra vosotros, mintiendo. Gozaos y alegraos, porque vuestro galardón es grande en los cielos; porque así persiguieron a los profetas que fueron antes de vosotros».(Mateo 5:11–12)

«Amad a vuestros enemigos…y orad por los que os ultrajan y os persiguen» (Mateo 5:44). El reino de Cristo avanza a medida que es proclamada y demostrada la verdad en amor (Efesios 4:15). «No seas vencido de lo malo, sino vence con el bien el mal».(Romanos 12:21).

Más que criticar la cultura, creémosla.

El hecho de que la evangelización ya no cuente con una teología sólida del compromiso cultural es quizás la razón principal por la que estamos inmersos en el actual dilema. Las instituciones clave que conforman nuestra cultura —educación, artes, cine, literatura y entretenimiento, derecho y empresa— están casi enteramente controladas por los que operan desde los supuestos de la justicia social ideológica.

Esto no ocurrió por accidente. Los campeones de esta cosmovisión tienen una «teología» misionera y un celo propios de los cristianos de otras generaciones. Nuestros antepasados en la fe fundaron universidades mundialmente reconocidas, por ejemplo, Yale, Harvard y Princeton. Lo hicieron para influir en la cultura en general para honrar a nuestro Rey y bendecir a nuestros vecinos. Pero luego perdimos la senda. Casi dejamos de hacer esta clase de trabajo. Nuestra teología de la misión se redujo a estadísticas: ¿Cuántas almas se salvaron? ¿Cuántas iglesias se plantaron? ¿Cuántas personas asistieron el domingo a la iglesia? A Dios no le importaba la cultura. Era un ámbito caído y mundano, destinado a la destrucción.

Sin embargo, los campeones de la justicia social ideológica no perdieron su visión de influir en la cultura; e incluso podríamos decir de «discipular» a la nación. Su estrategia consistió en influir en los principales motores culturales, fueron increíblemente intencionales y pacientes en llevar a cabo su «larga marcha por las instituciones». Hay que reconocerlo. Ahora cosechan la recompensa de años de perseverancia diligente.

Fueron muy intencionales, por ejemplo, en reformar el sistema educativo para ajustarlo a la línea de la justicia social ideológica, prestando especial atención a los centros de educación, planes de estudios y formación de maestros, que hoy se rigen casi enteramente por los supuestos de la justicia social ideológica. La idea de que la educación es «imparcial» o «neutral» es un mito. Siempre se basará en una visión particular de la realidad, la moral, la naturaleza humana, la historia y otras cosas. Estos puntos de vista siempre estarán informados por un conjunto más profundo de supuestos o visiones del mundo. Si no es la cosmovisión bíblica, entonces será otra.

A mi amigo y mentor Darrow Miller le gusta decir: «Si la iglesia no discipula (o instruye) a la nación, la nación discipulará (o instruirá) a la iglesia». Siempre hay alguien influyendo activamente en la cultura. Si no son los seguidores de Jesús, serán, por defecto, los adeptos de otra cosmovisión. Si no nos gusta la cosmovisión que está conformando nuestra cultura, la culpa es nuestra.

Es tarde, pero creo que todavía hay tiempo. Nosotros, la iglesia que cree en la Biblia, debemos reaprender rápidamente de nuestros antepasados la misión cristiana genuina. Necesitamos recuperar la antigua teología que combinaba a la perfección el evangelio, la evangelización y el discipulado con observar fielmente las implicaciones de la cosmovisión bíblica en cada esfera de la vida y de la sociedad. Después de todo, Jesús no es solo Rey sobre una región espiritual limitada. ¡Él es Rey del cielo y de la tierra! Tenemos que recordar esto y actuar en consonancia. Necesitamos recuperar el negocio de la formación institucional y la creación de cultura, especialmente en los ámbitos de la educación, las artes, los medios de comunicación, el derecho y la empresa. Tenemos que ser tan estratégicos, pacientes e intencionales como lo han sido nuestros contrincantes ideológicos. Nuestro móvil debe la obediencia a Cristo, quien rescató un pueblo para sí mismo para bendecir a todas las naciones y amar a nuestro prójimo como a nosotros mismos. Solo la verdad y el amor bíblicos conducen al florecimiento y la libertad, y no solo para la iglesia, sino tanto para los cristianos como para los no cristianos.

La ideología de la justicia social es peligrosa. Pretende construir una cultura basada en el odio, la división, un sentimiento falso de superioridad moral y una concepción errónea de la justicia. Una cultura en la que la verdad es sustituida por el poder, y la gratitud por la ingratitud. Una cultura en la que todos buscan oportunidades para ser agraviados y asumir el papel de víctimas. Una cultura en la que la gente no se responsabiliza de su propia vida, sino que culpabiliza a otros de todos sus problemas —a los «opresores»—. Una cultura de libertinaje sexual y autonomía personal, en la que «el deseo sexual pasa a ser el centro de la identidad y dignidad humanas». Una cultura en la que la identidad es totalmente definida por la tribu, y la tribu está siempre en conflicto con otras, compitiendo por un poder de suma cero.

En esta cultura no cabe el mandamiento «amarás a tu prójimo», y mucho menos «amarás a tus enemigos». No hay lugar para la gracia. Ni el perdón. Ni la humildad. No cabe «sacar primero la viga del propio ojo», antes de corregir la reflexión de tu adversario.

¿Quiere usted vivir en esta clase de cultura? Más aún, ¿ayudar a instaurarla? Yo no. Yo quiero vivir en una cultura en la que la verdad, la justicia y el amor sean los bienes superiores. Una cultura en la que Dios es honrado como Rey y todas las personas, independientemente de su raza, sexo o clase, amadas y respetadas, por cuanto son hijos de Dios. Una cultura en que la gente sea juzgada por su «carácter, no por el color de su piel». Una cultura en que la justicia esté basada en la ley inmutable de Dios, y los acusados de cometer injusticia sean tratados con equidad e imparcialidad. Una cultura que defiende el proceso legal y el imperio de la ley. Un país que considera que todos somos pecadores caídos, y pese a ello, objeto del amor, la misericordia y el perdón de Dios. Una cultura distinguida por la gracia, la misericordia, la tolerancia y el perdón. Una cultura en la que la reconciliación y la redención sean posibles. Una cultura caracterizada por su humilde gratitud. Esta cultura aún existe en los Estados Unidos.

En junio de 2015, el mundo fue testigo de lo peor que los seres humanos se pueden hacer unos a otros. Una noche, el supremacista blanco Dylan Roof, de 21 años, entró en la iglesia episcopal metodista africana Emanuel, de Charleston, Carolina del Sur, y disparó contra nueve hombres y mujeres afro-estadounidenses que participaban en un estudio bíblico. Las autoridades detuvieron rápidamente a Roof, le arrestaron, y fue convicto de asesinato.

Cuando se dictó sentencia, muchos familiares supervivientes se levantaron ante el tribunal, no para enumerar y condenar sus agravios, sino para perdonarle. Nadine Collier, hija de Ethel Lance, dirigiéndose a Roof le dijo: «Nunca podré volver a abrazarla, pero te perdono y tengo misericordia de tu alma. Me hiciste daño. Heriste a muchas personas, pero Dios te perdona y yo te perdono».

Anthony Thompson dijo al asesino de su esposa: «Yo te perdono, y mi familia te perdona. Pero nos gustaría que aprovechases esta oportunidad para arrepentirte. Cambia de camino».[10]

Corrie ten Boom, cristiana holandesa, cuenta una historia parecida. Ella y los miembros de su familia ayudaron a muchos judíos a escapar del genocidio nazi. Pero al final la Gestapo descubrió lo que estaban haciendo y enviaron a Corrie y varios familiares suyos a prisión. Aunque su hermana Betsie y su padre Casper murieron en la cárcel, Corrie sobrevivió. Ella relata una historia conmovedora cuando se encontró posteriormente con un oficial nazi guardia de la cárcel donde murió Betsie.

> Le vi en una iglesia de Munich. Era un hombre calvo y gordo con un abrigo gris y un sombrero de fieltro entre las manos. La gente guardaba cola para salir del salón del sótano donde yo acababa de dar una charla, y avanzaba por las filas de sillas de madera hacia la puerta.
> Corría el año 1947 y yo viaje desde Holanda a Alemania después de su derrota con el mensaje del perdón de Dios...
> Y entonces le vi avanzar en sentido contrario a la gente. En un instante vi el abrigo y el sombrero marrón; en otro, el uniforme azul y el gorro con calavera y tibias cruzadas.

---

10. John Stonestreet and David Carlson, "'Emanuel': The Untold Story of the Charleston Shooting," BreakPoint, June 12, 2019, http://www.breakpoint.org/2019/06/breakpoint-emanuel/.

De pronto todo acudió a mi memoria: el gran pabellón con luces colgantes, la patética pila de vestidos y zapatos en el suelo, la vergüenza al andar desnuda delante de este hombre. Vi la endeble efigie de mi hermana delante de mí, con sus costillas salientes y su piel apergaminada. ¡Betsie, cuán delgada estabas!

Betsie y yo habíamos sido arrestadas por esconder judíos en nuestra casa durante la ocupación nazi de Holanda; y este hombre había sido uno de los guardias del campo de concentración adonde fuimos enviadas.

Allí estaba delante de mí, con la mano extendida: «¡Buen mensaje, *Fräulein* (señorita)! ¡Cuán bueno es saber que, como usted dice, todos nuestros pecados han sido arrojados al fondo del mar!».

Después de hablar del perdón de manera tan superficial, yo retenía mi mano en el bolsillo en vez de extenderla. Por supuesto, él no se acordaba de mí —¿cómo iba a acordarse de una prisionera entre miles de mujeres?

Pero yo le reconocí y recordé la fusta de cuero que colgaba de su cinto. Era la primera vez desde mi liberación que tenía delante a uno de mis captores y sentí como si la sangre se me hubiera congelado.

«Usted mencionó Ravensbrück en su charla» —dijo él—. «Yo fui guardia allí». No, él no me recordaba.

«Pero durante este tiempo me he convertido a Cristo. Sé que Dios me ha perdonado por las cosas crueles que hice allí, pero me gustaría también oírlo de sus labios, *Fräulein*» —de nuevo extendió la mano— «¿me perdona usted?».

Allí estaba yo —cuyos pecados eran perdonados todos los días— y era incapaz de hacer otro tanto. Betsie había muerto en aquel lugar —¿podía él borrar su lenta y terrible muerte con solo pedirlo?

No pudo estar de pie muchos segundos con la mano extendida, pero a mí me pareció una eternidad, mientras me debatía con la cosa más difícil que jamás he tenido que hacer…

Seguí allí con la frialdad que atenazaba mi corazón. Pero el perdón no es una emoción —era consciente de ello—. El perdón es un acto de la voluntad, y la voluntad puede funcionar sin ser afectada por la temperatura del corazón.

«Jesús, ¡ayúdame!», oré en silencio. «Puedo levantar mi mano. Eso lo puedo hacer. Provéeme el sentimiento».

Y rígida, mecánicamente, extendí mi mano hacia la que me era tendida. Y al hacerlo, ocurrió algo increíble. La corriente comenzó en el hombro, bajo por el brazo, saltó a nuestras manos unidas. Después, aquel calor sanador fluyó por todo mi cuerpo, y se me saltaron las lágrimas.

«¡Te perdono, hermano!», exclamé. «¡Con todo mi corazón!».[11]

La clase de amor y perdón sobrenatural que demostraron Corrie Ten Boom, Anthony Thompson, y otros en la iglesia episcopal metodista africana Emanuel, en Carolina del Sur, es la verdadera revolución de Jesucristo. Nos sorprenden porque tuvieron fuerza para perdonar a sus enemigos. Ese poder les vino, en parte, porque reconocieron que ellos también son pecadores perdonados por Dios y objeto de su gracia extraordinaria y asombrosa.

En vez de buscar venganza, ellos dejaron el juicio supremo en manos de Dios. Lo mismo debemos hacer nosotros, sabiendo que Él ha prometido reparar todas las cosas.

Este tipo de relatos solo son posibles en culturas profundamente conformadas por la Historia Transformadora —la verdad convincente de la cosmovisión bíblica, intensamente hermosa, buena y verdadera.

¿Cómo respondemos los cristianos a la ideología de la justicia social? ¿Nos limitamos a reaccionar contra ella u ofrecemos una mejor alternativa? Nancy Pearcey tiene razón cuando dice:

> La mejor manera de eliminar una mala cosmovisión es ofrecer una buena, y los cristianos más que criticar la cultura tienen que crearla.
>
> Dios preparó esta tarea para que los hombres la llevaran a cabo. Durante el proceso de santificación debemos recuperarla... En toda vocación somos creadores de cultura, y ofrecemos nuestro trabajo como servicio a Dios.[12]

Este es un momento peligroso para los evangélicos de Occidente. La confusión de la justicia tiene que cambiar por un prudente

---

11. "Guideposts Classics: Corrie ten Boom on Forgiveness," Guideposts, November 1972, https://www.guideposts.org/better-living/positive-living/guideposts-classics-corrie-ten-boom-on-forgiveness.

12. Nancy Pearcey, *Verdad total: Libera el cristianismo de su cautiverio cultural* (Tyler, Texas: Editorial JUCUM, 2014), 58.

discernimiento. Si permitimos que la levadura de la justicia social siga contaminando nuestra teología en unos tiempos en los que la cultura necesita constatar desesperadamente que la verdadera justicia bíblica es propugnada y vivida, las pérdidas serán incalculables, tanto en el tiempo como en la eternidad. Además, si arrojamos el bebé de la justicia bíblica con el agua de la bañera de la justicia social, los que se interesan por los oprimidos nos llamarán con razón hipócritas. No en balde dice el Señor: «Porque como está escrito, el nombre de Dios es blasfemado entre los gentiles por causa de vosotros» (Romanos 2:24).

Así pues, luchemos por la justicia en este mundo. Luchemos por las víctimas de la injusticia. Rechacemos el tráfico sexual. El infanticidio de niñas. El peligro del nonato en el vientre de su madre. La persecución a las creencias religiosas, cristianas y no cristianas. Levantemos la voz por los que esperan ser ejecutados injustamente. Estos sujetos, portadores de la imagen de Dios, no se enfrentan a pequeñas agresiones. Sufren grandes ataques, e incluso tortura y muerte violenta.

Por supuesto, plantarse contra la injusticia en un mundo caído exige coraje moral. Los responsables de la injusticia suelen ocupar puestos de poder. Los profetas del Antiguo Testamento se manifestaron a menudo contra los poderosos, y muchos pagaron un alto precio. La epístola a los Hebreos se maravilla: «Fueron apedreados, aserrados, puestos a prueba, muertos a filo de espada; anduvieron de acá para allá cubiertos de pieles de ovejas y de cabras, pobres, angustiados, maltratados; de los cuales el mundo no era digno; errando por los desiertos, por los montes, por las cuevas y por las cavernas de la tierra» (Hebreos 11:37-38).

Desafiar a los poderes establecidos es exponerse al sufrimiento y la pérdida. Es grande la tentación de guardar silencio, pero debemos rechazarla. El Catecismo Mayor de Westminster nos advierte contra guardar un «silencio indebido ante una causa justa con tal de retener la paz cuando la iniquidad exige nuestra represión o denuncia ante otros».

No obstante, como cristianos podemos confiar que nuestras vidas están seguras en Jesucristo, y nada, ni siquiera la misma muerte, nos puede separar de su amor (Romanos 8:31-38). Habilitados por el Espíritu Santo, hemos de seguir las pisadas del Salvador e ir en pos de la justicia y la misericordia. Como dijo el Señor: «El Espíritu del Señor está sobre mí, por cuanto me ha ungido para dar buenas nuevas a los pobres; me ha enviado a sanar a los quebrantados de corazón; a pregonar libertad a los cautivos, y vista a los ciegos; a poner en libertad a los oprimidos» (Lucas 4:18).

Extender el reino de Dios es una tarea santa, y a veces solitaria, pero nunca estamos realmente solos. Como nos recuerda Greg Koukl: «Los que confiamos en Él no estamos solos en la lucha contra el mal y la injusticia. Aunque suframos bajas, Él está con nosotros siempre, en todo, y nos promete: "En el mundo tendréis aflicción; pero confiad, yo he vencido el mundo"».[13]

Podemos confiar en que el Dios que aunó perfectamente la justicia y la misericordia en la cruz estará con nosotros mientras promovemos la justicia para su gloria. Puesto que la justicia es, en definitiva, obra de Dios, sus representantes deben practicarla a su manera —no venciendo el mal con el mal, sino siguiendo el ejemplo de Corrie ten Boom y los miembros de la iglesia episcopal metodista africana Emanuel, esto es, venciendo con el bien el mal.

Lo hemos oído todo; he aquí la conclusión del asunto: «Teme a Dios y guarda sus mandamientos, porque esto es el todo del hombre (*deber de toda la humanidad*). Porque Dios traerá toda obra a juicio, juntamente con toda cosa encubierta, sea buena o sea mala» Eclesiastés 12:13-14.

SESIÓN 8:
Versículo bíblico para memorizar

> *«El Espíritu del Señor está sobre mí, por cuanto me ha ungido para dar buenas nuevas a los pobres; me ha enviado a sanar a los quebrantados de corazón; a pregonar libertad a los cautivos, y vista a los ciegos; a poner en libertad a los oprimidos».* Lucas 4:18

---

13. Koukl. 155.

Parte A. Lea las páginas 189-192

1. Para muchos que han sido arrastrados al culto puritano de la justicia social ideológica, esta ideología llena el vacío en su alma para

_____, _____ y _____.

2. Cuando los líderes evangélicos (a sabiendas o sin saberlo) promueven muchos de los principios fundamentales de la justicia social ideológica, ¿qué ideas acaban «impulsando»? ¿Qué injusticias acaban silenciando y permitiendo por ser contrarias a la narrativa de la justicia social?

Parte B. Lea las páginas 193-195

3. ¿Qué tipo de relato necesita el mundo escuchar sobre la identidad?

4. Si su relato le dice que su identidad principal es «ser víctima», su vida estará marcada por _____, _____, _____ y _____.

Si su relato le dice que su identidad principal es ser opresor privilegiado, su vida estará marcada por _____ y _____.

Si su relato le dice que su identidad es ser «pecador, pero amado por Dios y salvo por gracia», su vida estará marcada por _____ y _____.

5. Compare la justicia social «anti-ideológica» con la cosmovisión «pro-bíblica».

Parte C. Lea las páginas 196-198

6. ¿Qué significa que los creyentes son llamados a ser «embajadores» del reino de Cristo?

7. Los cristianos creen que el cambio debe tener lugar primeramente _____ y _____ antes de que pueda manifestarse _____ en la sociedad y la cultura.

8. La cosmovisión bíblica combina la evangelización con la transformación social. ¿Cómo resume John Stott esto en Problemas que enfrentan hoy los cristianos?

Parte D. Lea las páginas 198-205
9. La cultura de la cancelación no cree en _____ _____, diálogo o _____ con adversarios ideológicos. ¿Cuáles son otros elementos destructivos de la cultura de cancelación?

10. ¿Cómo deberían responder los cristianos que se oponen a la justicia social ideológica ante sus «adversarios»? ¿Qué es lo más difícil para usted?

Parte E. Lea las páginas 205-212
11. ¿Qué instituciones clave conforman hoy nuestra cultura y cómo podemos influir en ellas?

12. Explique esta cita de Darrow Miller: «Si la iglesia no discipula (o instruye) a la nación, la nación discipulará (o instruirá) a la iglesia».

13. Dado que la justicia es en última instancia obra de Dios, ¿de qué manera deben practicarla los creyentes?

Parte F. Repase el capítulo y Lucas 4:18.
14. ¿Qué ha aprendido sobre Dios y/o la iglesia en este capítulo y en las Escrituras que ha estudiado esta semana?

15. ¿Qué reflexiones finales o «llamados a la acción» ha tenido después de leer «¿Por qué la justicia social no es justicia bíblica?», de Scott David Allen.

Notas y reflexiones personales

ACERCA DEL AUTOR

Scott durante toda su carrera ha dedicado su trabajo: al desarrollo de la comunidad cristiana, el aminorar la pobreza y el ministerio de justicia. Su pasión es ayudar a los cristianos a comprender la cosmovisión bíblica, porque es el único fundamento sólido y seguro para: personas, comunidades y culturas saludables y florecientes.

Es cofundador y presidente de la Alianza para el Discipulado de la Naciones (ADN), este ministerio internacional trabaja «para equipar a la iglesia a llegar a su máximo potencial como el agente principal de Dios para la restauración, sanidad y bendición hacía las naciones destrozadas». ADN está presente en más de 100 países alrededor del mundo.

Después de servir en la organización de desarrollo internacional *Fundación Contra el Hambre* durante 19 años tanto en los Estados Unidos como en Japón, Scott se unió a Darrow Miller y Bob Moffit, amigos y mentores para comenzar ADN (DNA por sus siglas en inglés), el año 2008.

Scott está casado con Kimberly y es un padre orgulloso. Ellos educaron a sus 5 hijos en el programa *Educación en casa*. Actualmente reside en Phoenix, Arizona.